雷浩斯教你

矩陣式 存股2.0

存股法

年賺18%

雷浩斯◎著

課前準備》
建立良好觀念　投資事半功倍

選股方法》
觀察獲利矩陣　快篩好股清單

算買好公司股票也可能虧損／買進前檢查3條件，擁有安全邊際賺更多／只要股價被低估，不管是多少錢都值得買／不需預估哪一檔會漲最多，投資組合以等比率買入

打造台股全明星隊

　　台股最知名的 ETF——元大台灣 50（0050）的成分股當中，囊括台股市值最大的 50 家公司，可以說，這份名單就像台股的大聯盟球隊，能在這份名單裡，代表它們過去表現很好。譬如台積電（2330），連續十數年都是獲利績優生；但不保證以後也能繼續好，譬如宏達電（2498），曾經是這 50 檔股票中的當紅炸子雞，如今早被剔除在外。

　　如果對股市不熟悉、不擅長選股，或者工作很忙碌的上班族，可以直接買元大台灣 50，等於買進一籃子好股票，萬一當中某些股票變差了，透過元大台灣 50 的定期淘汰機制，表現差的會被換掉、表現好的中型股會被納進來。

　　元大台灣 50 這個淘汰機制固然不錯，但畢竟是落後於市場，通常是某檔股票的股價大幅下跌、市值萎縮後，才會被淘汰出局，如果是追求更高報酬率、喜愛自己研究、挑股票的主動式投資人，有沒有更好的選股辦法？

　　雷浩斯的「矩陣式存股法」是一項新選擇，透過領先、有系統的追蹤評

價機制，及早汰弱留強，建立一支「股票全明星隊」，將資金分散投資在這支「股票全明星隊」裡，力求賺取平均強的績效，而不是隨機平均、或平均弱的績效。

從雷浩斯的矩陣式評價，公司依其選定的經營績效指標來評估，可以被分為A、B1、B2、C、C1、C2、D等7個等級，有些公司可以連續10年以上都在A級，展現其強大的競爭力與寬廣的護城河；有些公司曾經1到2年短暫停留在A級，就旋即落入B級或C級，這類公司或許是賺到機會財、或許是所屬產業的高景氣波動特質，但不管原因為何，公司經營績效的續航力，透過這個矩陣式評價，立即一覽無遺，讓該買、該賣的決策，變得十分簡單。

茫茫股海，世代有英才輩出，3年多前，雷浩斯在《Smart智富》出版第1本著作《雷浩斯教你小薪水存好股又賺波段》，當時，臉龐還帶著些許稚氣的他，論股講理已有股海老手風範，字裡行間盡現其嚴謹的邏輯、豐富的學識與貼近市場的第一手觀察。

3年過去了，這位始終謙沖的青年股市贏家，功力再進化，這應是源自於他內在對投資知識的強烈渴求，以及不放棄任何改善機會，力求完美的競爭心。

為本書所做的研究，耗費雷浩斯龐大的心血，但他很慷慨的在本書中大

方提供給讀者。敝人有幸成為首批讀者，在拜讀的過程當中亦所獲甚多，甚至因此發現一些過去沒特別留意到、經營一向低調的好公司，相信每位讀者在本書中都能得到不同的收穫，熱中投資股票的你，請絕對不要錯過。

《Smart 智富》月刊社長

一切都是以好奇心為起點

本書的內容，一開始只是單純的好奇心。

我知道長期持有指數股票型基金（ETF，在台灣以元大台灣 50 ETF 為代表），報酬率幾乎等於該國上市公司的整體獲利能力；我也知道長期持有一間公司，投資人的報酬率會等於該公司的經營獲利能力，這兩者就是整體和個體的差別，所以我很想知道台灣 50 指數成分股裡面，有多少數量的「好公司」、「一般公司」和「差公司」？分出好壞需要一個評等制度，所以我使用「獲利能力矩陣」來評估。

當統計結果出來之後，很自然的想要繼續分析中型 100 指數成分股裡面好壞公司的比率，接著就會繼續想：「如果剔除掉指數成分股中的差公司，全部換成好公司，這個投資組合的績效會如何？」

為了滿足一個又一個的好奇心，我做了投資生涯以來最多的統計資料與回測結果；雖然我沒有研究團隊，只是一個散戶型投資人，但是我對這個研究計畫的成果非常有信心。

　　暢銷書《從A到A＋》的作者柯林斯（Jim Collins）是我學習的典範之一，他在《從A到A＋》裡面說過：「每個人多少都有1、2個專長，我的專長就是能在一堆雜亂無章的資訊中看出型態，在紊亂中找到秩序，從混沌中釐清觀念。」

　　這段話雖然只是整本書中的短短1、2行，但是深深的吸引了當時22歲的我，直到我36歲的時候才發現，原來這也是我的專長。我的專長就是擅長收集各種初級資料、收集各種壓力測試下產生的有效樣本、還有收集歷史事件中透露的訊息，接著將這些資訊進行分析、整理和歸納，最後建構出一個模式，再將這個模式進行實際測試，重複驗證和優化。最後的研究結果，就是這本書中的「矩陣式存股法」。

　　在寫這本書之前，我問了自己一些問題：

1. 這本書給誰看？

時間不夠、資金不足、對股票不大懂的一般投資大眾！

厭倦銀行低利息，想要低風險投資的保守族！

想要打造被動收入，年年領現金股息的存股族！

2. 這本書和其他存股書哪裡不同？

獨特的「矩陣式存股法」讓你輕鬆看出一間公司的等級高低！

系統化投資法，一步一步讓你能簡單實作！

豐富的個股資料，幫助你快速上手投資！

3. 學會矩陣式存股法可以幹嘛？

不必為投資勞心勞力，兼顧本業和個人投資！

學習一套可長可久的投資技術！

用很少的時間，讓你的資產年年成長！

矩陣存股策略是一套量化分析法的策略，它大多數靠財務指標來判斷。也許有人會問：這套策略和其他的財務指標策略回測方式有什麼不同？

首先，大多數的財務指標投資人並不是價值投資者，他們本身沒有價值投資的經驗，所以他們的策略較傾向於增加財務指標來達到最佳化的成果。但是，我的思考模式是反過來想：「哪些指標最代表價值投資？」「哪些指標是你絕對無法刪除的？」「我有沒有辦法讓它簡單到一眼就能判斷？」最後過濾出「獲利能力矩陣」、「高登公式」、「歷史本益比」這3個簡單又好用的工具，這3個工具的進階運用，可以讓你充分實行價值投資的「防禦型投資」原則。

價值投資的始祖班傑明‧葛拉漢（Benjamin Graham）在《智慧型股票投資人》這本著作中，把投資人分成「防禦型」和「積極型」兩個類型。

我在前兩本書《雷浩斯教你小薪水存好股又賺波段》、《雷浩斯教你6

步驟存好股》，系統化的說明了我個人對股票分析研究的方式，以及專業價值投資者該做的投資工作和技能，都是寫給希望當「積極型投資人」的參考手冊。

現在這本書的宗旨則是為了「防禦型投資人」而寫，它的目的是為了幫助工作繁忙、時間不夠的投資大眾，建立一套系統化、幫自己打造現金流收入的存股投資組合。讓投資成功需要不少時間，這些時間會比以為要花的時間還長，但是比你實際想像的時間還快。

本書的完成，要感謝財報狗團隊提供個股資料、樣本以及投資報酬率計算。感謝吾友克拉克對整體的投資邏輯提出高明的提問，使本書思考更臻完善。感謝「我們的股票投資」版主巴小智，巴大預定於 2017 年在網路上退休，他說希望我的書在他退休之前能寫好，是他推了一大把。本書的思考方向：「為上班族投資人著想」，也是受到巴大的強烈影響，在此特別感謝巴大的照顧。

我在這兩年曾經抽空到花蓮遊玩，民宿老闆問：「先生你是做什麼工作的啊？怎麼會這種時段一個人來民宿？」我一時語塞，總不好意思說我是專業投資人，這樣要解釋很久，轉念一想就說：「我是作家。」反正也寫 2 本書了，說自己是財經作家，應該不為過吧？

想不到現在竟然能寫到第 3 本書，我感到相當的幸運。我的讀者都非常

的挑剔，讀者曾在粉絲頁說過，不希望新書裡看到「換湯不換藥」的內容，為此我不斷思考，希望能寫出讓讀者有收穫的內容。

　　寫這本書的過程，讓我從頭檢視自己的投資邏輯與方法，過去某些我以為不錯的投資決策，其實還存在著優化的空間，所以獲得最大收穫的，是我自己本人。現在的出版界非常不景氣，所以未來不敢說有什麼期許，如果有幸再出版第 4、第 5 本書，也希望大家能多加支持。

價值投資者

雷浩斯

2017 年 2 月底

Chapter

課前準備》
建立良好觀念
投資事半功倍

1-1 把指數型基金概念再優化 讓報酬超越大盤

　　我認識的投資朋友大多在 25 ～ 35 歲之間，他們在投資上遇到許多問題。舉例來說，25 歲左右最大的問題就是剛畢業不久，尚未累積職場競爭力，所以起薪不高。因為薪水低、資金不大充足，把微薄的資金拿去投資，成效好像也不會很好；此時期大多數的人，會把時間用在累積本業能力上，例如買書，或者上一些和本業相關的進修課程，學習相關技能。

　　等到 35 歲左右，工作也 10 年了，累積了不少競爭力，薪水也提高了；通常這時候也是結婚生子的時候。建立家庭需要許多開銷，照顧年幼的小孩也需要非常多的時間，所以大多數的人時間和資金還是不大夠，再加上工作壓力，根本就是蠟燭兩頭燒！因此在這個時期想學投資的朋友，內心的動力會更加強勁。只是市面上的理財書本又多又雜，對於剛進入投資領域的人來說，過多的訊息會讓人不知如何判斷。

　　例如，要買股票還是買基金？什麼叫做技術面和籌碼面？財務報表的名

詞很多，要怎樣才能搞懂？學這些會不會很困難？種種紛擾讓人又增加了一個新的問題：投資知識不足！

總結一般投資朋友會遇到的 3 個難題就是：時間不夠、資金不足、投資知識不足。要一次解決這 3 個問題其實很簡單：投資低成本的指數股票型基金（ETF，Exchange Traded Funds）。

買指數股票型基金，一次解決年輕族群3大投資難題

投資指數股票型基金是一種被動投資法，它已經是被驗證最有效率的投資法則，你只要付出很低的持有成本，就可以得到接近整個大盤的報酬率。

指數型基金之父是約翰·伯格先生（John Bogle），他創辦了「先鋒500 指數型基金」（Vanguard 500 Index Fund），這是全球投資市場最具代表性的指數型基金，追蹤美國標準普爾 500 指數（S&P 500 Index）；長期以來，這檔基金的表現極為貼近標準普爾 500 指數，長期的年化報酬率也高於主動式的大型股混合型基金平均表現。根據先鋒集團公布在官網的資料，這檔基金從 1976 年 8 月底成立以來，截至 2016 年底，年化報酬率為 10.87%。

股神巴菲特（Warren Buffett）就曾經說過：「對股市一無所知的人，

只要定期投資一檔指數型基金,也能打敗大部分的投資專業人士。」

在台灣,最具代表性的指數股票型基金則是「元大台灣 50」ETF(股票代號 0050,全名為元大台灣卓越 50 證券投資信託基金)。如果你長期持有元大台灣 50,並且在領到現金股利(股息)的隔天立刻投入加碼,可以達到年化報酬率 7% ~ 8% 左右的績效;歷年績效可以在台灣知名的指數型基金投資部落格「綠角財經筆記」找到相關資訊。基本上我很支持低成本的指數型投資,大多數投資人都知道買到一檔地雷股就慘了,指數型基金持有一籃子股票,所以不會變成地雷。這種情況下你在低檔就敢勇於加碼,降低買進成本。收到股息也能持續投入,藉此提升複利效果。

而元大台灣 50 這檔 ETF 是追蹤「台灣 50 指數」,也就是投資於台股市值前 50 大的公司,它具備以下優勢:分散投資台灣大規模上市公司、持股周轉率低、並且每季度視情況調整成分股。

投資ETF方便簡單,但容易遇到2個結構性缺點

但是,元大台灣 50 也有 2 個嚴重的結構性缺點:「成分股分散不均」和「個股營運水準表現不一」。表 1 是元大台灣 50 權重最高的前 10 大成分股(不含金融股),你可以發現,光是台積電(2330)就占了 29.45%,第 2 大的鴻海(2317)占了 8.34%,前 10 大成分股合計就

表1／0050最大成分股台積電占持股權重近3成

——元大台灣50前10大成分股（不含金融股）權重

公司名稱	占元大台灣50持股權重（％）
台積電（2330）	**29.45**
鴻　海（2317）	**8.34**
中華電（2412）	3.39
台　塑（1301）	2.79
台達電（2308）	2.67
南　亞（1303）	2.65
台　化（1326）	2.63
聯發科（2454）	2.54
大立光（3008）	2.50
統　一（1216）	2.31
加　總	**59.27**

元大台灣50的前10大持股權重（不含金融股），合計高達59.27%；其中前兩大成分股台積電、鴻海就占了37%

註：資料日期 2016.07.15　　資料來源：證交所、元大投信

占了 59.27%，剩下 40 檔個股占僅剩約 40%，在權重分配上明顯失衡（雖然表 1 不含金融股，但權重數據仍是各檔股票占 50 檔成分股的比重。而權重最大的金融股分別是中信金、國泰金、富邦金、兆豐金，權重皆 2% 左右）。

接著再看權重前 10 大公司（不含金融股）2015 年的營運表現，最能代表營運表現的指標就是股東權益報酬率（ROE，詳見註 1），所以我們使用 ROE 這個財務指標來評估。

0050前10大成分股2015年僅3檔ROE逾15%
——元大台灣50前10大成分股（不含金融股）ROE表現

公司名稱	2011	2012	2013	2014	2015
台積電（2330）	22.21	24.52	23.94	27.85	**27.02**
鴻 海（2317）	14.52	14.15	14.44	14.80	14.69
中華電（2412）	12.97	11.32	11.15	10.66	11.74
台 塑（1301）	14.23	6.35	8.50	6.53	10.79
台達電（2308）	13.30	16.65	18.46	19.97	**16.22**
南 亞（1303）	8.46	1.37	9.13	10.43	10.75
台 化（1326）	11.31	2.99	9.11	4.41	9.63
聯發科（2454）	11.94	10.65	14.82	20.95	10.42
大立光（3008）	28.72	26.07	35.95	50.72	**44.09**
統 一（1216）	12.72	12.75	15.75	12.62	14.10

註：上表單位為％；部分公司在編製新一年度財報時，可能會重新調整上一年度財報數據，本書財報資
　　料主要採用重編後的數據
資料來源：公開資訊觀測站、元大投信、雷浩斯價值投資網

　　一般來説，「ROE 15% 以上」就是營運水準之上的表現，所以你會發現在 2015 年 ROE 15% 以上的只有台積電、台達電（2308）、大立光（3008）這 3 間公司，其他 7 間公司 ROE 表現則在 9% ～ 14% 之間，屬於一般水平（詳見表 2）。

　　那麼元大台灣 50 整體成分股的營運水準如何呢？我們統計不含金融股

表3 / **0050成分股中2015年ROE高於15%者僅13家**
——元大台灣50成分股（不含金融股）ROE統計

ROE表現（%）	2011	2012	2013	2014	2015
ROE≧25	5	6	7	7	6
25＞ROE≧20	3	2	4	4	3
20＞ROE≧15	4	4	4	5	4
15＞ROE≧10	14	9	11	10	14
10＞ROE≧5	5	7	8	9	5
5＞ROE＞0	2	5	3	2	5
0≧ROE	4	4	0	0	0
總計ROE≧15家數	12	12	15	16	**13**
總計ROE＜15家數	25	25	22	21	**24**

註：上表單位為家數；成分股資料日期為 2016.07.15
資料來源：公開資訊觀測站

的 37 檔成分股，自 2011 到 2015 年來的全年 ROE 表現（排除金融股是因為金融股不適用 ROE 評估）；從表 3 可以看到，37 間公司之中，2015 年 ROE 高於 15% 的有 13 家，ROE 未達 15% 的則有 24 家，長期營運成果表現不一。

註1：股東權益報酬率（ROE）
計算公式為「稅後淨利／平均股東權益」，其中「平均股東權益」是資產負債表當中，期末與期初的「權益總計」平均值。例如要計算 2015 年的全年度 ROE，須找出 2015 年綜合損益表的「本期淨利」金額；以及 2015 年、2014 年的資產負債表，將兩個年度末的「權益總計」加以平均。

挑選表現優異好股,打造自己的投資配置組合

當你用存股策略投資一檔個股,你的長期投資績效會趨近該個股的長期 ROE 表現;如果你買入 50 檔,你的績效就是這 50 檔公司的 ROE 表現。這 50 檔如果不是平均買入,而是某幾檔股票的持有比重特別高、某幾檔特別低,那持有比重高的公司 ROE,對整體投資組合的影響就會特別大。

計算元大台灣 50 這些年來的報酬率約年化 7% ~ 8%,比重最大的台積電貢獻了不少;而其他 ROE 未達 15% 的大多數公司則拖累了整體報酬率,使得投資組合得到一個平均成果。雖然元大台灣 50 有上述缺點,但它仍是很好的投資標的,起碼比台股所有高費用、績效又差的基金好太多了。但是,如果你想要自行買股票投資,在時間有限、資金不足、知識不夠的狀況下想要得到比元大台灣 50 更高的報酬率,該怎麼做呢?答案就在於仿效元大台灣 50 的優點、克服元大台灣 50 的缺點:

1.「選股」方面,保留下好的公司,剔除掉不好的公司,同時設定一個清楚的升降評等機制。

2.「買賣次數」方面,降低買賣次數以降低投資成本,並提升決策品質。

3.「管理投資組合」方面,徹底分散不同產業的持股。

這種投資方式類似自行配置一個投資組合,我稱它為「矩陣式存股法」!

查詢元大台灣50成分股

Step 1 進入元大投信官方網站（yuantafunds.com），點選❶「ETF 專區」。

Step 2 網頁會自動另開 ETF 專區視窗，點選❶「產品資訊」→於「元大台灣卓越 50 基金」點選❷「立即查看」。

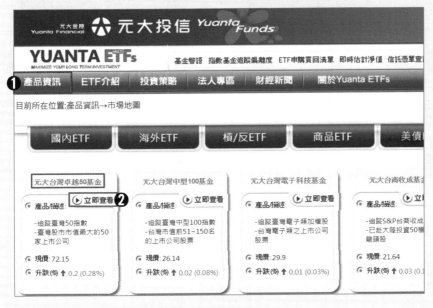

接續下頁

Step 3 出現元大台灣卓越 50 基金頁面，點選❶「基金持股權重」，即可看到最新的持股明細及權重資料。

| 產品資訊 | ETF介紹 | 投資策略 | 法人專區 | 財經新聞 | 關於Yuanta ETFs |

目前所在位置: 產品資訊→→ETF股票期貨權重

基金概要　基金公開說明書　基金歷史淨值　基金月報　申購買回溢　基金持股權重　回產品地圖

ETF股票期貨權重

股票

證券代碼	證券名稱	持股權重(%)	股數
1101	台泥	0.76	9,344,488
1102	亞泥	0.41	6,745,466
1216	統一	1.78	14,049,773
1301	台塑	2.95	14,258,863
1303	南亞	2.81	16,611,396
1326	台化	2.87	12,788,184
1402	遠東新	0.68	11,678,923
1476	儒鴻	0.44	582,758
2002	中鋼	2.12	36,157,264
2105	正新	0.78	5,374,651
2207	和泰車	0.99	1,192,015
2301	光寶科	0.69	6,231,919
2303	聯電	0.94	34,746,048
2308	台達電	2.53	6,347,645
2311	日月光	1.41	18,162,249
2317	鴻海	8.48	43,536,794

資料來源：元大投信網站

利用獲利能力矩陣 打造自己的高績效組合

1-2

價值投資之父班傑明・葛拉漢（Benjamin Graham）在《智慧型股票投資人》這本必讀經典中，把投資人分成「防禦型」和「積極型」2種，這兩者之間的差別就是「能花在投資方面的時間多寡」！現代上班族大多數工作繁忙，如果你1週之內只能勉強擠出4到5個小時做投資，那麼你應該做個防禦型投資人。

我的「矩陣式存股法」就是台股版本的防禦型投資，它是為了克服時間不夠、資金不足、投資知識不足這3個困難而提出來的解決方案，同時又有機會創造出比元大台灣50（0050）更高的報酬率，這個方法有3個重點：

1. 長期持有好公司。
2. 分散投資。
3. 要有安全邊際。

長期持有好公司》優選矩陣等級A、B級公司

投資成功的祕訣就是買入好公司，而我們評估公司好壞的基本工具就是「獲利能力矩陣」。獲利能力矩陣以「股東權益報酬率（ROE）」和「自由現金流」兩者為主要參數，用這兩者的高低將公司評等為：A級、B1級、B2級、C級、C1級、C2級、D級，合計7個等級（後面章節會詳述矩陣的分級定義）。

在這7個等級裡，A級是我們主要的投資標的，B1級到B2級則是次要納入投資組合的標的，C級以下則完全不考慮買入；考慮到營運的穩定性，我們以「5年都是A級」為優先考量，5年都是C級以下的優先排除。

舉例來講，從2011年到2015年，川湖（2059）5年來都是A級，遠百（2903）5年來都在C級以下（詳見圖1），因此川湖列入投資組合，遠百則不予考慮。

分散投資》持股分散不同產業，約10～20檔A級股

葛拉漢認為，防禦型投資人要分散10檔到30檔左右的公司，才能徹底做好分散個別公司所面臨的風險。矩陣式存股法也遵從這個原則，不過我認為一般人分散10～20檔即可。分散的程度和資金大小規模有關，

川湖連5年獲利能力矩陣為A級、遠百連5年C級

川湖（2059）獲利能力矩陣

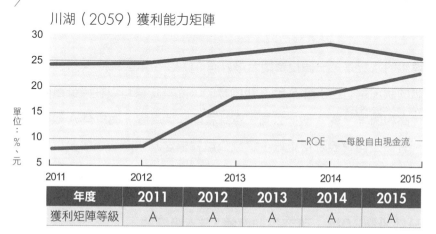

年度	2011	2012	2013	2014	2015
獲利矩陣等級	A	A	A	A	A

遠百（2903）獲利能力矩陣

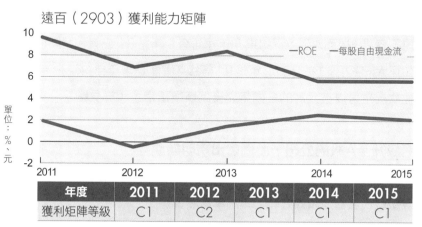

年度	2011	2012	2013	2014	2015
獲利矩陣等級	C1	C2	C1	C1	C1

資料來源：公開資訊觀測站、雷洁斯價值投資網

資金愈大,分散投資的檔數愈多,資金愈小則分散檔數愈少;在使用這套存股法時,建議最少也要分散 10 檔;資金少的投資人,如果資金不足以購買整股,可以用零股來分散買入。

理想的狀況是,一個投資組合最好有 10 檔 5 年都維持 A 級的標的,更理想的狀況是有 20 檔 5 年 A 級的標的,因為這樣可以在降低風險的狀況下提高報酬率。買 A 級好公司,本身就能降低風險,而所有 A 級好公司裡面,有些公司會表現得更好,這類公司我稱之為「超級績效股」,超級績效股能讓整體報酬率更加亮眼。

若分散投資30檔,可容許非連續5年A級標的

如果你要分散到 30 檔個股也可以,但是要找到 30 檔 5 年都是 A 級的公司不容易。退而求其次,如果 5 年裡面有 1 年是 B1 或者 B2 也可以接受,例如巨大(9921)在 2012 年是 B1 等級,僅僅是當年自由現金流量較差,這種狀況是可以被允許的,隔年之後就恢復正常了(詳見圖 2)。

由C級升至A級的公司,股價會出現明顯漲幅

或者可以找到由 C 級升級到 A 級,或 B2 升級到 A 級的公司也很好,因為升級就代表營運績效好轉,報酬率當然會提高。

最有成長力道的公司是從 C 級升級到 A 級,只要一間公司從 C 級提升

巨大僅2012年落入B1級，隔年即重返A級
——巨大（9921）獲利能力矩陣

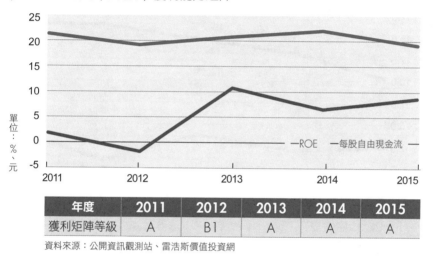

年度	2011	2012	2013	2014	2015
獲利矩陣等級	A	B1	A	A	A

資料來源：公開資訊觀測站、雷浩斯價值投資網

到 A 級，股價就會有明顯的漲幅。但為了避免成長力道是曇花一現，我們設定升級之後，至少要連續 2 年是 A 級，才能納入投資組合中。

醫材股邦特（4107）就是升級的代表之一，它在 2011 ～ 2013 年都是 B2 級，隨後升級到 A 級，並且持續了 2 年（詳見圖 3），這種表現足以納入投資組合之中。胎壓偵測器製造商為升（2231）則在 2011 年是C 級，2012 年～ 2015 年提升到 A 級，符合連續 2 年都是 A 級的條件（詳

邦特從B2級升至A級，且A級持續2年
——邦特（4107）獲利能力矩陣

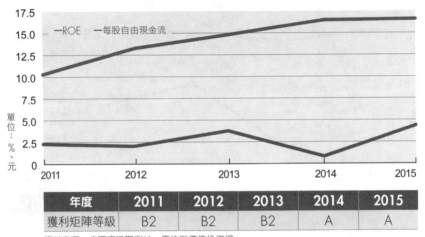

年度	2011	2012	2013	2014	2015
獲利矩陣等級	B2	B2	B2	A	A

資料來源：公開資訊觀測站、雷浩斯價值投資網

見圖4），也可以納入投資組合。

持股降至C級就停損，將資金轉入更優秀標的

除了升級之外，你也要小心降級。矩陣式存股用的評等方式很簡單，所以有可能會有一些缺點，就是我們不知道這些 A 級或者 B 級的公司，未來會不會掉到 C 級？而天底下沒有永遠是 A 級的公司，如果你的持股掉到 C 級，這時候就要賣出停損。

圖4 為升自C級升至A級，且A級持續2年以上

——為升（2231）獲利能力矩陣

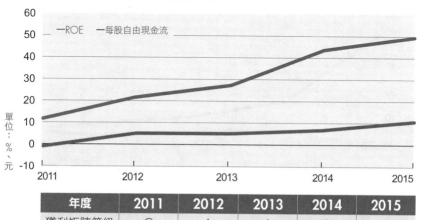

年度	2011	2012	2013	2014	2015
獲利矩陣等級	C	A	A	A	A

資料來源：公開資訊觀測站、雷浩斯價值投資網

　　例如合成橡膠大廠台橡（2103）2011年是B1級、2012年是A級，但是2013年之後都掉到C1等級（詳見圖5），因此當我們在2014年3月底、4月初，看到2013年年報發現降級時，就要賣掉它停損。

　　高爾夫球桿頭代工廠大田（8924）過去也被認為是良好的存股標的，在2005年到2008年都是A級，在金融海嘯之後掉到C1等級（詳見圖6），直到2015年都不曾提升到A級。如果你一直套牢在它身上，並

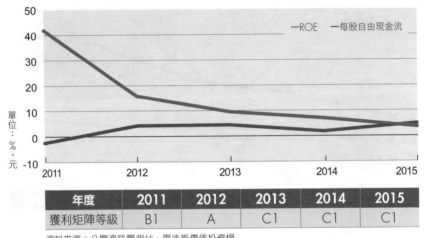

圖5 台橡自2013年後由A級降至C1級
——台橡（2103）獲利能力矩陣

年度	2011	2012	2013	2014	2015
獲利矩陣等級	B1	A	C1	C1	C1

資料來源：公開資訊觀測站、雷洛斯價值投資網

且期待它營運好轉，很可能會讓你期望落空。

　　很多人捨不得停損持股，雖然停損C級股會虧錢，但是其他A級股和B級股帶來的獲利和現金股利（又稱股息），可以抵銷掉不良公司的影響；同時，套牢在C級股票上面的資金也因此釋放出來，可以將這些錢轉投入到其他A級股。當套牢的資金轉入其他優越的投資標的，有助於整體報酬率的提升。

大田從A級降至C1級後，連續多年均無起色
——大田（8924）獲利能力矩陣

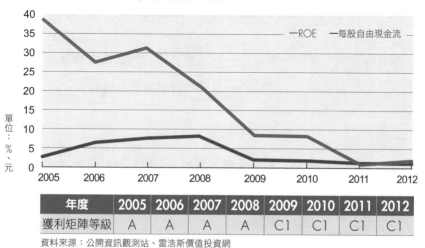

年度	2005	2006	2007	2008	2009	2010	2011	2012
獲利矩陣等級	A	A	A	A	C1	C1	C1	C1

資料來源：公開資訊觀測站、雷浩斯價值投資網

　　這就像傳奇基金經理人彼得・林區（Peter lynch）說過的「五股原則」：「如果你買入5間表現良好的贏家公司，5間裡面會有1間表現得超乎異常的優越，3間表現得符合預期，1間表現得比較差。你要做的就是灌溉鮮花，剔除雜草，才會有一個美麗的花園。」

　　投資人可能會想：分散到10～20檔股票，台股有那麼多A級＋B級的公司嗎？不用擔心，在本書之後的章節，會仔細的說明一套系統化找出

A 級矩陣股的工作流程！

要有安全邊際》等待股價落入相對低點再進場

矩陣式存股也是價值投資法的一種，價值投資的最高指導原則之一，就是：「要有安全邊際」，那我們要怎樣讓持股有安全邊際呢？大抵有 3 種做法：

1. **被動等待年度低點**：統計大盤每年的高低點當作參考數字。
2. **被動等待個股的歷史本益比低點**：找出各 A 級股的歷史本益比低點當作切入點。
3. **使用「平均成本法」和「現金股息」來加碼**：透過低檔和股息加碼來提升報酬率。

這 3 種做法的細節，我們會在本書後面的章節仔細詳述（詳見本書第 3 篇）。

向股神巴菲特學習，創造自己的投資護城河

為了驗證和研究矩陣式存股法，我從資料庫撈出許多樣本來研究，擷取的資料時間點是 2006 年到 2010 年。擷取的條件很寬鬆，只要 2006

和 2007 年還有 2010 年這 3 年是 A 級即可，並且排除 2008 和 2009 年這兩年因為金融海嘯而表現過差的情況。之後把 2006 ～ 2010 年這 5 年內盡可能都是 A 級的公司優先找出來，最後樣本數目是 88 家；本書後續關於 A 級股的分析，主要也以這 88 家公司為對象。

除此之外，我還找出一些過去普遍被認為是存股標的，但是後續卻表現不佳的公司（詳見 2-2 所介紹的「落後組」），並且思考了 2016 年發生的股市地雷案例特徵和觀察重點，因此本書研究統計的標的合計超過 160 家以上，藉此研究矩陣存股可能遇到的問題障礙和解決的方法。

所以當你看完這本書，學會這套矩陣式存股法，至少你補充了不少投資的知識。你就不再是一個「一無所知」的投資人，至少是一個「略有所知」的投資人。

雖然股神巴菲特（Warren Buffett）建議「一無所知」的投資人購買指數型基金，但是巴菲特對「略有所知」的投資人給的建議完全不同，他說：「如果你對股票略有所知，也有能力理解公司的財務數字，還能把資金配置到 5 到 10 檔擁有長期競爭優勢且股價合理的公司股票，那麼傳統的分散投資法，對你根本就毫無意義。」

矩陣式存股法符合上述巴菲特說的概念，你只要能理解「獲利能力矩陣」

的意義，並且把資金配置到 A 級股這些有競爭優勢的好公司，那麼你就不需要使用傳統的指數型投資法。

矩陣式存股法就像打造一個屬於自己的高績效投資組合，唯一不一樣的就是，在你做這個投資的過程中，你的投資知識會不斷的隨著經驗提升，讓自己的知識和資產同時產生複利效果，打造自己個人投資生涯中的護城河！

學到了，就是你的，誰也搶不走。

NOTE

Chapter

2

選股方法》
觀察獲利矩陣
快篩好股清單

用2指標將股票分類
2-1 聚焦投資A級好股

　　矩陣式存股法最重要的概念，就是「獲利能力矩陣」這個評等工具。著名的投資書籍《護城河投資優勢：巴菲特獲利的唯一法則》（The Little Book that Builds Wealth：The Knockout Formula for Finding Great Investments）作者派特‧多爾西（Pat Dorsey），在另一本著作《The Five Rules for Successful Stock Investing》當中，首次提出「獲利能力矩陣」這個概念，也就是運用「股東權益報酬率（ROE）」和「自由現金流」2個基本面王牌指標來替公司評等，藉此區分出公司的優劣等級。

ROE、自由現金流，同時表現良好才是好公司

　　為什麼要用 ROE 和自由現金流？因為 ROE 是最能衡量一間公司為股東賺錢能力的指標，它考量了公司管理階層運用股東本金獲利的能力，所以比每股稅後盈餘（EPS）更具有參考價值。但是，運用 ROE 作為衡量指標有 2 個缺點：

第 1，無法評估公司賺到錢之後，是不是需要擴廠買設備投資？

第 2，如果賺的錢不夠擴廠，就必須向銀行借錢，或是向股東現金增資。

這兩點對股東而言，都不是好的選項，因為這樣公司就沒錢發現金股利給股東了。

為了克服 ROE 的缺點，「自由現金流」指標就派上用場了。自由現金流的定義是，公司營運所賺到的「營業現金流」扣掉「投資現金流」之後的金額。如果一間公司的自由現金流是正值，就有本錢發出現金股利給股東，所以自由現金流又被稱作「業主盈餘」（owner earnings）。有充沛自由現金流的公司，被認為是「現金製造機」，也是良好的長期存股標的。

結合 ROE 和自由現金流所形成的「獲利能力矩陣」，即可用來評估公司是否具備為股東賺錢的能力，同時又有足夠的現金發給股東，所以這兩個指標表現良好的公司，絕對是相當優秀的公司。

獲利矩陣分為7等級，僅前3級值得納入投資組合

多爾西在他的書中，只有簡單提出「獲利能力矩陣」的概念雛形，並沒有提出詳細數據標準供讀者實際運用。所以我以此概念為出發點，在前一本著作《雷浩斯教你 6 步驟存好股》裡面，使用了「5 年 ROE 和自由現

金流」來設定獲利能力矩陣（簡稱為「獲利矩陣」）的評等。

　為了較容易看出公司每年的基本面變化，本書當中的獲利矩陣評等方式，統一以「單一年度」的數字來呈現。當然，當你看完這本書，學會了獲利矩陣評等方式，未來每一季財報數據出爐後，也可以自行利用「近 4 季」財報數據，來獲知公司最新的獲利矩陣評等。

　獲利矩陣共可評等出以下 7 種等級：

A 等級：ROE ≧ 15%，有自由現金流

B1 等級：ROE ≧ 15%，無自由現金流

B2 等級：15% > ROE ≧ 10%，有自由現金流

C 等級：15% > ROE ≧ 10%，無自由現金流

C1 等級：10% > ROE > 0，有自由現金流

C2 等級：10% > ROE > 0，無自由現金流

D 等級：ROE 為負或 0

　雖然獲利矩陣共可歸納出 7 種等級的公司，但是只有 A 級、B1 級、B2 級會納入投資組合，C 級則是納入觀察區。為了利於理解，我們將 A、B1、B2、C 這 4 種等級，納入「獲利能力矩陣 4 象限」；至於 ROE 未達 10% 的 C1、C2、D 級，則完全不納入投資考慮。

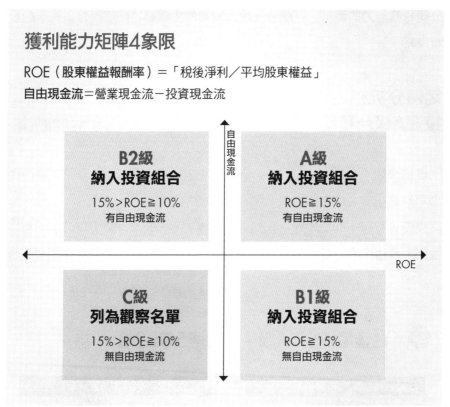

獲利能力矩陣4象限

ROE（股東權益報酬率）＝「稅後淨利／平均股東權益」

自由現金流＝營業現金流－投資現金流

B2級
納入投資組合

15%＞ROE≧10%
有自由現金流

A級
納入投資組合

ROE≧15%
有自由現金流

C級
列為觀察名單

15%＞ROE≧10%
無自由現金流

B1級
納入投資組合

ROE≧15%
無自由現金流

自由現金流

ROE

　　為什麼要這樣設定？這是一個資金運用機會成本的考量！投資人往往不知道哪些公司是好公司、哪些是不好的公司。就算你能分出公司好壞，往往也不知道投資哪一間公司，會有比較高的獲利？而獲利矩陣的投資概念就是──A 級的投資標的勝過 B 級，B 級又勝過 C 級；以矩陣評等來分出

公司賺錢能力的優劣，可避免一般人模糊的主觀認定好壞而做出錯誤的投資策略。

範例分析》
投資A級台積電、B級鴻海報酬率PK，台積電明顯勝出

　　舉例來說：台積電（2330）和鴻海（2317）是不是好公司？這兩間公司都是很有名的國際級企業，在台股當中的是市值分屬第1、2位，那麼投資人買哪一間比較好？我們直接用獲利矩陣來看（詳見表1）。可以看到，台積電5年都是A級公司，鴻海5年來都是B2公司，很明顯的台

台積電連5年A級、鴻海連5年B2級
——台積電（2330）、鴻海（2317）獲利能力矩陣

公司名稱	評估指標	2011	2012	2013	2014	2015
台積電 （2330）	ROE（%）	22.21	24.52	23.94	27.85	27.02
	每股自由現金流（元）	2.51	0.60	2.56	5.36	12.06
	獲利矩陣等級	A	A	A	A	A
鴻　海 （2317）	ROE（%）	14.52	14.15	14.44	14.80	14.69
	每股自由現金流（元）	1.41	12.18	10.58	8.68	11.29
	獲利矩陣等級	B2	B2	B2	B2	B2

資料來源：公開資訊觀測站、雷浩斯價值投資網

積電等級優於鴻海。那麼，投資 A 級股的報酬率真的優於 B2 等級嗎？我們來計算一下，如果投資人在 2011 年分別投資台積電和鴻海，報酬率會是多少呢？

先看 B2 等級的鴻海，它在 2011 年的最高價是 126.5 元，最低價是 61.5 元，全年度的平均股價是 92.9 元（全年度每日收盤價的平均值）。

我們把平均股價 92.9 元當成買入成本，假設 2011 年買入 1 張，5 年來都不賣出，而 5 年來鴻海年年都有發出現金股利和股票股利；那麼 5 年過後，原本手上的 1 張股票（1,000 股）會變成 1.47 張（1,470 股），累積 5 年的現金股利是每股 15.806 元（詳見表 2）。

接著我把寫本書之時 2016 年 10 月 20 日鴻海的收盤價 83.5 元當作賣出價，所以每股的賣出總收益應該是 138.551 元（賣出 83.5 元 ×1.47 張＝ 122.745 元，加上現金股利 15.806 元＝ 138.551 元），累積報酬率是 49.14%，年化報酬率 8.32%（詳見表 3）。

如果你覺得鴻海的報酬率很不錯，那我們用一樣的方式來看台積電。我們把台積電 2011 年平均股價 72.1 元當成買入成本，假設買入 1 張，累積 5 年的現金股利是 19.5 元，因為台積電沒發股票股利，所以持有總張數不變（詳見表 2）。

台積電、鴻海皆連續5年配發現金股利
——持有1張台積電（2330）、鴻海（2317）股利配發狀況

台積電（2330）	2011	2012	2013	2014	2015	總計
現金股利（元）	3	3	3	4.5	6	19.5
股票股利（元）	0	0	0	0	0	0
累計持有張數（張）	1	1	1	1	1	1
領取現金股利（元）	3	3	3	4.5	6	**19.5**
鴻海（2317）	2011	2012	2013	2014	2015	總計
現金股利（元）	1.5	1.5	1.8	3.8	4	12.6
股票股利（元）	1	1	1.2	0.5	1	4.7
累計持有張數（張）	1	1.10	1.20	1.32	1.37	1.47
領取現金股利（元）	1.5	1.65	2.16	5.016	5.48	**15.806**

資料來源：公開資訊觀測站

投資台積電5年，年化報酬率大勝鴻海
——持有1張台積電（2330）、鴻海（2317）5年報酬率試算

	每股買進成本（元）	5年股息累計（元）	每股賣出價位（元）	期末張數（張）	每股期末淨值（元）	5年累積報酬率（％）	5年年化報酬率（％）
台積電（2330）	72.1	19.5	190.5	1.00	210	**191.26**	**23.84**
鴻海（2317）	92.9	15.806	83.5	1.47	138.551	**49.14**	**8.32**

註：本表假設 2011 年以全年度均價買進，5 年後以 2016 年 10 月 20 日收盤價賣出，計入現金股利與股票股利後的報酬率。期末淨值＝ 5 年股息統計＋（賣出價位 × 期末張數）

接著我們把 2016 年 10 月 20 日收盤價 190.5 元當作賣出價,所以每股的賣出總收益應該是 210 元(賣出 190.5 元加上現金股利 19.5 元＝210元),累積報酬率是191.26%,年化報酬率23.84%(詳見表3)。

B2 等級的鴻海有 8.32% 年化報酬率,如果這樣的成績算不錯,那麼 A 等級的台積電交出 23.84% 的年化報酬率,根本是非常好!這還不考慮「股息再投入」,如果把每年領到的股息再投入,報酬率會更高!

範例分析》
投資從B2級降至C1級的台塑,5年年化報酬僅1%

看完 A 級和 B 級公司的報酬率之後,我們想想,如果持有的標的從 B2 下降到 C 級以下,那會變成什麼情形?我們以台塑(1301)這間老字號公司來做例子:

台塑在 2011 年評等還在 B2,隔年下滑到 C1,且連續 3 年都維持在 C1,直到 2015 年才再度回到 B2。這 5 年來台塑合計發了 12.4 元的現金股利、0.4 元的股票股利,如果你在 2011 年買入 1 張,5 年之內你的持股會變成 1.04 張,合計領到 12.688 元的現金股利(詳見表 4)。

接著我們用 2011 年的最高價 117 元、最低價 76 元,還有全年均價

表4 台塑獲利矩陣曾連續3年為C1級

台塑（1301）獲利能力矩陣

公司名稱	評估指標	2011	2012	2013	2014	2015
台塑 （1301）	ROE（%）	14.23	6.35	8.50	6.53	10.79
	每股自由現金流（元）	3.39	0.42	0.32	1.49	6.59
	獲利矩陣等級	**B2**	**C1**	**C1**	**C1**	**B2**

持有1張台塑（1301）現金、股票股利配發狀況

台塑	2011	2012	2013	2014	2015	總計
現金股利（元）	4	1.2	1.9	1.7	3.6	12.4
股票股利（元）	0	0.4	0	0	0	0.4
累計持有張數（張）	1	1.00	1.04	1.04	1.04	1.04
領取現金股利（元）	4	1.2	1.976	1.768	3.744	**12.688**

資料來源：公開資訊觀測站、雷浩斯價值投資網

表5 2011年以均價買入台塑，5年年化報酬僅1.04%
——持有1張台塑（1301）5年報酬率試算

	每股買 進成本 （元）	5年股 息累計 （元）	每股賣 出價位 （元）	期末張數 （張）	每股期 末淨值 （元）	5年累積 報酬率 （%）	5年年化 報酬率 （%）
最高價位	117	12.688	85	1.04	101.088	**-13.60**	**-2.88**
最低價位	76	12.688	85	1.04	101.088	**33.01**	**5.87**
平均股價	96	12.688	85	1.04	101.088	**5.30**	**1.04**

註：本表假設2011年以全年度均價買進，5年後以2016年10月20日收盤價賣出，計入現金股利
　　與股票股利後的報酬率。期末淨值＝5年股息統計＋（賣出價位 × 期末張數）

96 元這 3 個價位，來分別當作買進成本，並且用 2016 年 10 月 20 日收盤價 85 元當作賣出價格來計算報酬率（詳見表 5）：

買在最高價 117 元，累積報酬率 -13.60%，年化報酬率 -2.88%。
買在最低價 76 元，累積報酬率 33.01%，年化報酬率 5.87%。
買在平均價 96 元，累積報酬率 5.30%，年化報酬率 1.04%。

從 3 種不同買進成本看來，除非你買在當年的最低價，才有可能賺到錢；如果你不幸買在最高價的話，到 2016 年 10 月還在虧錢。就常理來看，大部分的投資人會買在平均股價 96 元，得到年化報酬率 1.04%，這個報酬率比元大台灣 50 年化 7% ～ 8% 的報酬率還低。

舉台塑的例子，並非說這間公司不好，而是當它從 B2 降級到 C 級之後，我們就應該要轉換持股到其他 A 級公司，不然資金報酬率就會很差。

從上面的例子可以很清楚的知道：「長期持有 A 級的報酬率表現一定比 B 級和 C 級好，基於機會成本的原則，我們要盡量持有 A 級的股票，避開 C 級的股票。」

2-2 長期持有領先組
才能創造領先的投資績效

　　如果把長期持有 A 級公司的觀念延伸到投資組合，成果會如何呢？我們隨機抓出台股 10 檔 A 級公司做一組「領先組」投資組合，和 10 檔 B2 ～ D 級的公司作為「落後組」投資組合，假設從 2011 年分別投資 100 萬元到這兩個投資組合，持有到 2016 年 10 月 31 日，計入股利的報酬率會是多少？

領先組（10 檔 A 級公司）

　　台積電（2330）、大立光（3008）、可成（2474）、川湖（2059）、精華（1565）、廣隆（1537）、豐泰（9910）、皇田（9951）、鼎翰（3611）、伸興（1558）。

落後組（10 檔 B2 ～ D 級公司）

　　台塑（1301）、亞泥（1102）、台化（1326）、裕民（2606）、中鋼（2002）、台橡（2103）、遠東新（1402）、東聯（1710）、

大田（8924）、億光（2393）。

10檔A級股「領先組」，5年年化報酬率皆達雙位數

從表1可以看到，領先組的績效非常好，其中以皇田、豐泰、大立光這3檔最優，年化報酬率分別高達48.78%、45.37%、37.88%。也就是說，如果在2011年投資10萬元到皇田這檔股票，2016年10月會變成72.9萬元，成果非常驚人！

領先組當中績效最差的可成，有年化10.46%的報酬率，次差的伸興和精華也有年化14%左右的報酬率，其實相當不錯。

10檔B2至D級股「落後組」，半數以上繳出虧損成績

落後組的績效就不怎麼樣了，落後組當中10檔股票只有3檔賺錢，成績最好的台化只有2.62%的年化報酬率。而虧損最多的大田、裕民、台橡分別虧到-47.08%、-40.07%、-34.88%。如果你拿10萬元存大田，5年後只剩下5.29萬元，真慘。

這些落後組的投資標的並非隨便選選，它們都是在過去的投資理財書籍中出現過的推薦存股標的；但是隨著時間過去，許多公司逐步走向衰退，

表1

「領先組」5年績效，皇田、豐泰、大立光最佳
——A級「領先組」5年報酬率表現

股名 （股號）	獲利矩陣評等					2011年均價 （元）
	2011	2012	2013	2014	2015	
皇　田（9951）	A	A	A	A	A	27.9
豐　泰（9910）	A	A	A	A	A	28.3
大立光（3008）	A	A	A	A	A	785.0
廣　隆（1537）	A	A	A	A	A	51.3
川　湖（2059）	A	A	A	A	A	133.0
鼎　翰（3611）	A	A	A	A	A	93.7
台積電（2330）	A	A	A	A	A	72.1
精　華（1565）	A	A	A	A	A	386.0
伸　興（1558）	A	A	A	A	A	105.0
可　成（2474）	A	A	A	A	A	170.0

註：1. 假設 2011 年以全年度均價買進（百元以下股價 4 捨 5 入至小數點後 1 位，百元以上股價 4 捨 5 入至整數），5 年後以 2016 年 10 月 31 日收盤價賣出，計入現金股利與股票股利後的報酬率

 表2

「落後組」5年績效，10檔股票只有3檔正報酬
——B2~D級「落後組」5年報酬率表現

股名 （股號）	獲利矩陣評等					2011年均價 （元）
	2011	2012	2013	2014	2015	
台　化（1326）	B2	C1	C1	C1	C1	95.6
亞　泥（1102）	B2	C1	C1	C2	C1	35.7
台　塑（1301）	B2	C1	C1	C1	B2	96.0
億　光（2393）	C2	C1	C1	B2	C	68.6
中　鋼（2002）	C2	C1	C2	C1	C1	32.0

買進時本益比 （倍）	5年累積報酬率 （%）	5年年化報酬率 （%）	投入金額 （萬元）	期末淨值 （萬元）
7.2	**629.03**	**48.78**	10	72.90
10.6	**549.20**	**45.37**	10	64.92
20.3	**398.34**	**37.88**	10	49.83
13.2	240.16	27.74	10	34.02
13.6	218.87	26.10	10	31.89
10.2	216.97	25.95	10	31.70
13.92	188.49	23.60	10	28.85
18.2	**98.41**	**14.69**	10	19.84
8.3	**94.76**	**14.26**	10	19.48
11.4	**64.41**	**10.46**	10	16.44

2.「買進時本益比」為「2011年均價/2011年每股稅後盈餘」，4捨5入至小數點後1位
資料來源：台灣證交所、公開資訊觀測站、雷浩斯價值投資網

買進時本益比 （倍）	5年累積報酬率 （%）	5年年化報酬率 （%）	投入金額 （萬元）	期末淨值 （萬元）
16.5	**13.79**	**2.62**	10	11.38
11.5	**9.1**	**1.76**	10	10.91
16.4	**5.73**	**1.12**	10	10.57
21.8	-10.61	-2.22	10	8.94
23.9	-15.61	-3.34	10	8.44

接續下頁

股名 （股號）	獲利矩陣評等					2011年均價 （元）
	2011	2012	2013	2014	2015	
遠東新（1402）	B2	C1	C2	C2	C1	41.1
東　聯（1710）	A	C1	C1	C2	D	41.9
台　橡（2103）	B1	A	C1	C1	C1	76.6
裕　民（2606）	C2	C1	C2	C2	C2	54.4
大　田（8924）	C2	C2	D	D	D	27.4

註：1. 假設 2011 年以全年度均價買進（百元以下股價 4 捨 5 入至小數點後 1 位，百元以上股價 4 捨 5
　　　入至整數），5 年後以 2016 年 10 月 31 日收盤價賣出，計入現金股利與股票股利後的報酬率

 表3

「領先組2」5年績效，年化報酬率同樣亮眼
——A級「領先組2」5年報酬率表現

股名 （股號）	獲利矩陣評等					2011年均價 （元）
	2011	2012	2013	2014	2015	
寶　雅（5904）	A	A	A	A	A	35.5
儒　鴻（1476）	A	A	A	A	A	42.8
研　華（2395）	A	A	A	A	A	87.0
耕　興（6146）	A	A	A	A	A	66.6
鑫永銓（2114）	A	A	A	A	A	51.7
新　麥（1580）	A	A	A	A	A	101.0
聯　詠（3034）	A	A	A	A	A	83.1
中聯資（9930）	A	A	A	A	A	40.2
崑　鼎（6803）	A	A	A	A	A	135.0
佳　格（1227）	A	A	A	A	A	94.2

註：1. 假設 2011 年以全年度均價買進（百元以下股價 4 捨 5 入至小數點後 1 位，百元以上股價 4 捨 5
　　　入至整數），5 年後以 2016 年 10 月 31 日收盤價賣出，計入現金股利與股票股利後的報酬率

買進時本益比 （倍）	5年累積報酬率 （％）	5年年化報酬率 （％）	投入金額 （萬元）	期末淨值 （萬元）
18.7	-18.67	-4.05	10	8.13
12.7	-33.14	-7.74	10	6.69
10.5	**-34.88**	**-8.22**	10	6.51
17.1	**-40.07**	**-9.73**	10	5.99
137.0	**-47.08**	**-11.95**	10	5.29

2.「買進時本益比」為「2011年均價／2011年每股稅後盈餘」，4捨5入至小數點後1位
資料來源：台灣證交所、公開資訊觀測站、雷浩斯價值投資網

買進時本益比 （倍）	5年累積報酬率 （％）	5年年化報酬率 （％）	投入金額 （萬元）	期末淨值 （萬元）
9.6	**1,341.03**	**70.50**	10	144.10
8.2	**926.09**	**59.31**	10	102.61
13.5	257.59	29.03	10	35.76
12.2	183.63	23.18	10	28.36
8.5	116.02	16.65	10	21.60
10.7	113.23	16.35	10	21.32
13.5	84.96	13.09	10	18.50
13.6	75.37	11.89	10	17.54
14.3	63.42	10.32	10	16.34
21.9	**52.85**	**8.86**	10	15.29

2.「買進時本益比」為「2011年均價÷2011年每股稅後盈餘」，4捨5入至小數點後1位
資料來源：台灣證交所、公開資訊觀測站、雷浩斯價值投資網

我把這種衰退稱之為「價值陷阱」，意思就是你以為是可以存股的價值股，但是它只會帶給你不佳的報酬率，是一種投資陷阱。

領先組的績效非常好，也有人會認為這是統計上的偏差。好，那麼我們再抓出 10 檔完全不同的 A 級股，把它命名為「領先組 2」，來看一下領先組 2 的績效如何（詳見表 3）。

領先組 2（10 檔 A 級公司）

耕興（6146）、寶雅（5904）、研華（2395）、儒鴻（1476）、佳格（1227）、聯詠（3034）、崑鼎（6803）、中聯資（9930）、鑫永銓（2114）、新麥（1580）。

其中，寶雅和儒鴻的年化報酬率非常高，寶雅年化報酬率高達 70.5%，相當於 2011 年投入 10 萬元，5 年後變成 144.1 萬元，超級驚人。儒鴻也不遑多讓，年化報酬率高達 59.31%，2011 年投入 10 萬元能成長到 102.61 萬元。「領先組 2」績效最差的是佳格，但是也有年化 8.86% 的報酬率，非常不錯，遠遠凌駕落後組。

元大台灣50成分股，C級以下公司逾10家

也許你會說，低等級的投資組合原本報酬率就會比較差，那麼，就讓我

0050成分股，5年來C級以下個股平均約14家
——元大台灣50成分股（不含金融股）矩陣評等家數統計

獲利矩陣評等	2011	2012	2013	2014	2015
A	10	11	12	15	12
B1	2	1	3	1	1
B2	11	8	11	7	9
C到D	14	17	11	14	15

註：元大台灣 50 成分股（不含金融股）共 37 家，成分股資料日期為 2016.07.15
資料來源：公開資訊觀測站、雷浩斯價值投資網

2組A級領先組報酬率明顯優於元大台灣50
——4組投資組合績效比較

組別	期初 （萬元）	期末 （萬元）	報酬率 （%）	年化報酬率 （%）
領先組2	100	421.42	**321.42**	**33.33**
領先組	100	369.86	**269.86**	**29.90**
元大台灣50（0050）	100	144.00	**44.00**	**7.57**
落後組	100	82.86	**-17.14**	**-3.69**

們來看看元大台灣 50（0050）成分股的矩陣等級（詳見表 4）。元大台
灣 50 成分股在排除金融股後，剩下 37 檔個股，可以看到這些公司在過
去 5 年來，各年度獲利矩陣評等家數，A 級大約在 10 ～ 12 家左右，B1

加上 B2 等級大約 8 ～ 14 家左右，較差的 C 級以下個股平均約 14 家。
我們可以知道，這些等級較差的個股拖累了元大台灣 50 的表現，使元大
台灣 50 的年化報酬率，只繳出 7% ～ 8% 左右的表現。

　我們把「領先組」、「領先組 2」、「落後組」、「元大台灣 50」等
4 組投資組合拿出來做比較，你會發現兩個 A 級領先組的報酬率，遠遠贏
過落後組和元大台灣 50（詳見表 5）。4 組投資組合裡面只有元大台灣
50 的績效計算使用股息再投入，其他 3 組都沒有，因此領先組如果將股
息再拿去買股票，績效很可能更高！

組合若包含超級績效股 有效拉高整體報酬

(2-3)

前面我們說明了「獲利能力矩陣」的概念和投資組合的績效回測，主要傳達一個重要的概念——投資成功的關鍵，就是要做好「選股」和「投資組合管理」這兩項工作！

但是大部分的人對這兩項工作都有所迷思。首先，針對「選股」這點，一般人對選股最大的錯誤迷思就是：「要選中未來股價會上漲的股票。」但是說真的，根本沒人知道哪檔股票未來會上漲，如果以預測未來股價的方式去思考選股，那就是單純的賭博而已。如果你把投資當成賭博，肯定會白費力氣、並且飽受挫折，蒙受財務和心理上的損失。

選股》利用獲利矩陣評等，快速找到口袋名單

選股真正的重點在於「選好公司」，只要你買的是好公司，公司獲利成長帶動現金股利的增加和股價上漲，投資人就能獲利！而說到找好公司，

大部分的人就會想到要看財報，但一般投資人並非投資專業，因此不擅長仔細的分析財報，同時也沒那樣多時間可以分析，這時候獲利能力矩陣就派上用場了，矩陣評等的好處是：

1. **可確認投資標的品質**：獲利矩陣評等愈高和維持穩定的等級，代表這檔股票的品質良好。

2. **評等選股簡單易學**：看獲利矩陣評等決定是否納入投資組合，非常容易學習。

3. **按評等可快速判斷進出策略**：矩陣評等是根據財務報表，持續了解公司等級的變化，升等就持有，降等就賣出。

大部分投資人在轉換持股的時候，很難判斷自己是做對還是做錯，但是「獲利能力矩陣」的評等可以直觀的解決這個問題。

投資組合管理》不只要「分散」，選好公司才是關鍵

其次，許多人對於「投資組合管理」常見的錯誤看法，就是以為投資組合只有「分散」或者「集中」這兩種方式，並且認為分散持股的風險一定比較低，報酬率也會比集中持股還要低。

實際上，「分散投資」不見得會降低風險！所謂的風險，指的就是投資

表1

投資「20A混合組」5年年化報酬率達31.66%
──A級股投資組合績效比較

組別	期初（萬元）	期末（萬元）	5年累積報酬率（%）	5年年化報酬率（%）
領先組2	100	421.42	**321.42**	**33.33**
20A混合組	100	395.64	**295.64**	**31.66**
領先組	100	369.86	**269.86**	**29.90**
元大台灣50（0050）	100	144	**44.00**	**7.57**

賠錢的機率，如果你買的公司經營不善，無論你分散 10 檔甚至 100 檔，虧錢的機率一樣很高！本書 2-2 所統計出來的「落後組」也是分散到 10 檔，但是 5 年來的投資績效一樣很差。

反過來講，如果分散到許多 A 級好公司，就算分散到再多檔，整體報酬率也不會因此下降。假設我們把 2-2 所列的 2 個領先組的股票組合起來，合成一檔「20A 混合組」，並且用同樣的方式計算報酬率（以 2011 年的均價買進，賣出價取自 2016 年 10 月 31 日），你會看到，「20A 混合組」的績效是年化報酬率 31.66%（詳見表 1）。如果在 2011 年投入 100 萬元，分散到 20 檔 A 級股，5 年後會變成 395.64 萬元！證明了分散投資不見得會降低報酬率，甚至有可能提高報酬率！

買「超級績效股」，用80╱20法則拉高組合報酬率

為什麼矩陣式存股的分散不會降低報酬率，甚至可能提高報酬率？因為矩陣式存股運用的不是「平均」的力量，而是「80╱20」的法則！傳統觀念的「分散投資」靠的是「平均」的力量，投資組合有的股票可能上漲，有的可能下跌，平均起來最後就能有一定的報酬率，這個報酬率雖不驚人，但是通常可以接受，例如元大台灣50就有年化7.57%的報酬率。

如果不滿意這個報酬率呢？很多人會想：「那我使用槓桿，借錢或者用衍生性商品來提高報酬率！」所以現在這種流行的指數股票型基金（ETF）

 表2 ／ **投資超級績效股，5年年化報酬率37%起跳**
——超級績效股5年報酬率表現

| 股名 | 獲利矩陣評等 | | | | | 2011年均價 |
（股號）	2011	2012	2013	2014	2015	（元）
寶　雅（5904）	A	A	A	A	A	35.5
儒　鴻（1476）	A	A	A	A	A	42.8
皇　田（9951）	A	A	A	A	A	27.9
豐　泰（9910）	A	A	A	A	A	28.3
大立光（3008）	A	A	A	A	A	785.0

資料來源：公開資訊觀測站、台灣證交所、雷浩斯價值投資網

投資風潮中，金融機構紛紛推出「正2」倍數的ETF，用槓桿讓報酬率增加。只不過，槓桿是兩面刃，如果指數向上漲，使用正向2倍的槓桿確實可讓獲利加倍；然而一旦看錯方向，指數不漲反跌，就會造成加倍的虧損。

矩陣式存股的分散投資，則是運用「80／20法則」來提高報酬率，這個法則是假設你的投資組合之中，很有可能存在著「超級績效股」，這個「超級績效股」獲利總金額，很可能遠遠的比其他個股還多。

舉例來說，我們把「20A混合組」當中績效最好的5檔個股拿出來統計（詳見表2），分別是：豐泰（9910）、皇田（9951）、大立光

	買進時本益比（倍）	5年累積報酬率（%）	5年年化報酬率（%）	投入金額（萬元）	期末淨值（萬元）
	9.6	1,341.03	70.50	10	144.10
	8.2	926.09	59.31	10	102.61
	7.2	629.03	48.78	10	72.90
	10.6	549.20	45.37	10	64.92
	20.3	398.34	37.88	10	49.83

（3008）、儒鴻（1476）、寶雅（5904）。你可以看到，這 5 檔超級績效股的報酬率都非常驚人，其中績效最差的大立光，也有年化 37.88% 的報酬率！

　　如果把 100 萬元平均分散投入這 5 檔超級績效股，2011 年以各檔股票當年均價買進，5 年的年化報酬率會變成驚人的 54.09%，也就是 2011 年投入 100 萬元，5 年後變成 868.72 萬元（以 2011 年的均價買進，賣出價取自 2016 年 10 月 31 日）！

　　反過來想，既然超級績效股報酬率這樣高，那麼之前的「20A 混合組」，如果把 5 檔超級績效股的績效移除之後，它們的投資組合會不會變得很差勁呢？

 表3 **移除超級績效股後，年化報酬率大減12個百分點**
——超級績效股、20A混合組、15A混合組5年報酬率表現

組別	期初（萬元）	期末（萬元）	累積報酬率（%）	年化報酬率（%）
5檔超級績效股	100	868.72	768.72	54.09
20A混合組	100	395.64	295.64	**31.66**
移除超級績效股後的15A投資組合	100	237.95	137.95	**18.93**

從表 3 可以看到，當超級績效股移除之後，剩下的 15 檔 A 級組的投資報酬率立刻下滑到 18.93%，變得沒有之前那樣高的報酬率了，但這樣的成績雖然仍然可以打敗元大台灣 50。我們可以知道，A 級股之中的超級績效股，就是運用「80 / 20」的法則來讓整體報酬率變得更加耀眼！

投資一籃子A級股，就有機會撈到超級績效股

這個「80 / 20」的法則只是測試的結果嗎？有沒有人實證過這個法則？股神巴菲特（Warren Buffett）的波克夏·海瑟威公司（Berkshire Hathaway）就是活生生的證明！

巴菲特的副董事長查理·蒙格（Charles T. Munger）曾經說過：「巴菲特最好的績效來自於 10 個最好的投資機會！」

他又補充說：「波克夏數千億美元資產的大部分，來自這些更為優質的企業，投資的竅門就在於買進那些優質企業，因為那就等於你買到了那家公司的成長動能，所帶來的規模優勢。」獲利矩陣 A 級的公司，代表的就是優質企業所帶來的成長動能，其中「超級績效股」是提高整體投資組合報酬率的關鍵。

我們有辦法事先知道哪些公司會變成「超級績效股」嗎？答案是沒辦法，

如果你有辦法的話，一開始就會壓大量的資金「集中投資」在這些「超級績效股」上了！

那巴菲特和蒙格是怎麼做到的？嚴格說來，巴菲特和蒙格是將「量化分析」和「質化分析」這兩個方法合併使用，才會找出超級績效股。並透過機率計算，將未來可能獲利最高的標的全力「集中投資，長期持有」，這種方法和單純「量化分析」的「防禦型投資法」方式是完全不同的，同時還會花更多的時間研究個股，所以對繁忙的上班族來說，實在太難做到了。

雖然沒辦法事先預測「超級績效股」，不代表你「買不到」超級績效股。矩陣式存股的方法很簡單，只要你的投資組合盡可能的擁有許許多多的 A 級好公司，這麼一來就有可能撈到「超級績效股」。

我們不知道超級績效股會出現在哪個產業的哪個公司，但是你只要買不同產業的 A 級股，你就有可能撈到超級績效股；就算沒撈到，最差的狀況，你也能夠分散個別公司的產業經營風險，或者經營意外風險。

要讓矩陣式存股徹底發揮它的功能，就要同時使用「複利」和「80 ／ 20 的法則」這兩股力量。

複利是已知最大的投資力量之一，當你長期持有一檔股票，同時將股息

再投入之後，就能夠擁有複利效果。當你有許多檔 A 級股，就有可能運用「80 ／ 20 的法則」撈到超級績效股，兩者加乘的威力會讓你的投資報酬率非常亮眼！

2-4 3方法找到A級股 輕鬆建立定存股名單

前面我們說明了矩陣存股法的重要概念,那麼我們要上哪找出等級 A 級的公司?我把這個找出 A 級股的工作稱之為「蒐集」,「蒐集」的方法大抵有以下 3 種:

1. 參考指數股票型基金(ETF)成分股。
2. 使用程式篩選。
3. 利用雜誌和網路資訊。

方法1:參考ETF成分股》從台灣50、中型100指數過濾

台灣 50 指數和中型 100 指數囊括了台股 90% 的市值,在發行這兩項指數 ETF 的元大投信官網,就可以找到當日的成分股,資料非常容易取得。

我用土法煉鋼的方式,一一列出了元大台灣 50(0050)和元大中型

100（0051）不含金融股的所有成分股（資料日期 2016.07.15），並根據這些個股在 2011 ～ 2015 年的股東權益報酬率（ROE）和自由現金流數據，做出獲利能力矩陣分析，雖然這是個辛苦的大工程，但是結果非常值得。

分析之後發現，元大台灣 50 成分股不含金融股共有 37 家，5 年來，獲利矩陣評等為 A、B1、B2 級的公司，每年各約 22 ～ 26 家；元大中型 100 成分股不含金融股共有 89 家，5 年來 A、B1、B2 級的公司，則約 40 ～ 49 家。兩者合計，絕對可以找出足夠數量的矩陣股（詳見表 1、表 2）。

本書附錄（詳見第 290 頁）列出我所觀察的 A、B1、B2 級公司，於2011 ～ 2015 年及 2016 年第 3 季最新近 4 季的獲利能力矩陣等級。另外，「雷浩斯價值投資網」的「專屬功能區」，也有最新的獲利能力矩陣評等資料（此網站為本書作者課程學員專屬功能，非學員需付費使用）。

方法2：使用程式篩選》利用財報狗網站選出A級股

另一個找出 A 級股的方法就是使用程式篩選，我們可以用財報狗網站的免費「選股」功能（statementdog.com/pick/tpe），建議設定以下 9 大指標條件。

表1 元大台灣50成分股每年至少可找到10檔A級股
——元大台灣50成分股（不含金融股）矩陣評等家數統計

矩陣評等	2011	2012	2013	2014	2015
A	**10**	**11**	**12**	**15**	**12**
B1	2	1	3	1	1
B2	11	8	11	7	9
C	3	1	0	3	5
C1	4	8	7	9	9
C2	3	4	4	2	1
D	4	4	0	0	0
總計A到B2	**23**	**20**	**26**	**23**	**22**

註：元大台灣50成分股（不含金融股）共有37家，成分股資料日期為2016.07.15

表2 元大中型100成分股每年可找到22～30檔A級股
——元大中型100成分股（不含金融股）矩陣評等家數統計

矩陣評等	2011	2012	2013	2014	2015
A	**22**	**22**	**26**	**30**	**26**
B1	15	10	11	5	9
B2	4	7	7	14	14
C	6	9	6	6	5
C1	14	22	19	13	19
C2	13	7	10	15	9
D	15	12	10	6	7
總計A到B2	**41**	**39**	**44**	**49**	**49**

註：元大中型100成分股（不含金融股）共有89家，成分股資料日期為2016.07.15

1. ROE 近 5 年平均大於 15%。

2. ROE 近 3 年平均大於 15%。

3. ROE 近 1 年平均大於 15%。

4. 每股自由現金流近 5 年平均大於 0 元。

5. 每股自由現金流近 3 年平均大於 0 元。

6. 每股自由現金流近 1 年平均大於 0 元。

7. 營業利益率近 1 年大於 5%。

8. 董監事質押比小於 10%。

9. 上市櫃時間大於 5 年。

如果在 2017 年 1 月時執行上述的選股功能，可找出 76 檔個股（篩選方法詳見第 83 頁）；當然，未來每季財報公布之後，都可以重新找一次。

這樣財務指標選股方法，優點是可篩選出上市櫃時間超過 5 年、近 1 年「ROE 大於 15%」且「有自由現金流」的 A 級股。

關於「營業利益率近 1 年大於 5%」的條件，這是一個本業獲利比率的指標，增加這個指標比較容易找出連續 5 年都是 A 級的股票。

還有，「董監事質押比小於 10%」的條件，董監事質押就是董監事把股票拿去抵押借錢的意思，可能是需要財務上的周轉，但因為我個人不喜歡

這類公司,所以根據這項條件選出來的結果,我會再把董監事質押比為 0 的公司優先挑出來研究。

要注意的是,此套程式選股方式,只採取了一層濾網的設計,ROE 及每股自由現金流篩選指標,是取自近 1、3、5 年的「平均值」。如果某檔個股原本是 B 級或 C 級股,只是因為近一年業績爆發,或因為認列了一次性收益而拉高了 ROE 數據平均值,而變成 A 級股,但實際上並未達到我們設定的「5 年都是 A 級股」或「從 C 級股變成 A 級股且持續 2 年」的條件,就不能算是標準的 A 級股。

因此,利用程式可以幫助我們縮小篩選範圍,但我們仍需要一檔一檔檢查這些股票近 5 年的財報數據,才能選出完全符合條件的投資標的。

方法3:利用雜誌和網路》從他人存股名單找潛在標的

第 3 種找潛在矩陣股的方式,就是透過雜誌或網路資訊。台股有上千檔個股,有些 A 級股可能會藏在你不知道的地方。

我們一開始教大家從台灣 50 指數與中型 100 指數成分股找股票,這兩個指數是追蹤台股市值前 150 大的公司,要從當中找到 10 檔或 20 檔好股票已經足夠,不過,如果想多認識一些市值相對小,但仍然優質的 A 級

股，就要憑個人本事來尋找。

近年來存股觀念風行，我們可以常常在財經雜誌看到「定存股名單」介紹；另外，許多網路投資達人，也會不吝於分享自己的口袋名單，這些都可以作為初步的參考。

以我為例，當我看到雜誌或網路上的存股名單時，也不會照單全收，而是一個一個查看它們的獲利矩陣評等，符合條件的股票才會納入口袋名單，最後進行更深入的質化分析。

製作「投資工作籃」，分類管理口袋名單

「蒐集」是一個持續的工作，當蒐集告一段落之後，你會發現有很多資料需要整理，而且每當新的財報出來以後，你都要更新資訊，因此「蒐集」的標的會不斷增加！為了讓研究工作更有效率，我在工作流程中，建立了一個很簡要的工作項目：「投資工作籃」。

建立「投資工作籃」的重點，就是把所有獲利矩陣資料都統一管理。我是用一個 Excel 檔案，把這些資料都整理起來，放在不同的工作表裡面；每一個工作表就像是一個個籃子，透過分類管理，我可以迅速找到需要的資料。

現階段我的工作表分類為：「台灣 50 A 級、中型 100 A 級、工業電腦、汽車產業、機殼產業、製鞋運動、醫材生技、電信民生、化工、電子、其他」共 11 個頁面（詳見圖 1）。

圖1 分類管理投資工作籃，幫助快速找到需要的資料
——雷浩斯的投資工作籃

公司名稱	評估指標	2011	2012	2013	2014	2015	本益比
2330 台積電	ROE	22.21	24.52	23.94	27.85	27.02	16.27
	每股自由現金流	2.51	0.6	2.56	5.36	12.06	
	獲利矩陣	A	A	A	A	A	
3008 大立光	ROE	28	26.07	35.95	50.72	44.09	22.53
	每股自由現金流	33.91	30.86	45.78	105.98	164.32	
	獲利矩陣	A	A	A	A	A	
2474 可成	ROE	24	18.42	20.43	21.07	23.75	7.26
	每股自由現金流	8.79	8.44	12.5	14.41	18.32	
	獲利矩陣	A	A	A	A	A	
2912 統一超	ROE	30.07	27.93	35.79	35.47	30.76	29.63
	每股自由現金流	10.87	10.17	8.12	8.74	8.62	
	獲利矩陣	A	A	A	A	A	
2395 研華	ROE	24.36	20.89	22.22	23.51	22.3	30.53
	每股自由現金流	1.6	6.73	3.98	5.02	6.74	
	獲利矩陣	A	A	A	A	A	
1476 儒鴻	ROE	29.15	32.51	37.3	34.15	39.28	26.23
	每股自由現金流	2.23	3.07	3.35	5.72	14.87	
	獲利矩陣	A	A	A	A	A	

以「台灣50A級」工作表為例，集中檢視連續5年A級的個股

將口袋名單分門別類，每一類各有一頁專屬的工作表

台市50A級 ╱ 中市100 A級 ╱ 工業電腦 ╱ 汽車產業 ╱ 機殼產業 ╱ 製鞋運動 ╱ 醫材生技 ╱ 電信民生 ╱ 化工 ╱ 電子 ╱ 其他

如果有看到一些不知道該怎麼分類的，先放在「其他」這個工作表頁面，直到研究完成，再放到適合的分類，或是另外歸納為一個新的類別。因此，隨著持續的蒐集資料與研究分析，未來也可能整理出更多的分類。想知道

公司名稱	評估指標	2011	2012	2013	2014	2015
2308 台達電	ROE	13.3	16.65	18.46	19.97	16.22
	每股自由現金流	-1.59	3.95	6.71	7.56	2.88
	獲利矩陣	C	A	A	A	A
3045 台灣大	ROE	26.99	30.73	27.23	24.88	24.54
	每股自由現金流	2.87	4.61	-5.13	2.54	3.11
	獲利矩陣	A	A	B1	A	A
4904 遠傳	ROE	12.2	14.55	16.13	15.65	15.78
	每股自由現金流	4.33	6.6	-5.69	3.35	2.51
	獲利矩陣	B2	B2	B1	A	A
2207 和泰車	ROE	25.59	25.79	23.7	25.94	25.06
	每股自由現金流	-6.13	-18.78	1.35	-13.75	5.28
	獲利矩陣	B1	B1	B1	B1	A
2105 正新	ROE	17.63	27.81	26.21	19.19	14.38
	每股自由現金流	-9.05	1.03	4.96	4.25	4.42
	獲利矩陣	B1	A	A	A	B2

其次再檢視從B級、C級轉變成A級的個股

公司名稱	評估指標	2011	2012	2013	2014	2015
2317 鴻海	ROE	14.52	14.15	14.44	14.8	14.69
	每股自由現金流	1.41	12.18	10.58	8.68	11.29
	獲利矩陣	B2	B2	B2	B2	B2
2412 中華電	ROE	12.97	11.32	11.15	10.66	11.74
	每股自由現金流	5.45	6.07	3.37	5.67	5.91
	獲利矩陣	B2	B2	B2	B2	B2
2454 聯發科	ROE	11.94	10.65	14.82	20.95	10.42
	每股自由現金流	15.44	5.35	27.68	39.54	-5.98
	獲利矩陣	B2	B2	B2	A	C
1216 統一	ROE	12.72	12.75	15.75	12.62	14.1
	每股自由現金流	1.15	2.1	-1.05	-0.28	4.42
	獲利矩陣	B2	B2	B1	B2	B2
2357 華碩	ROE	15.14	18.48	16.27	13.03	10.32
	每股自由現金流	15.6	25.68	43.34	34.52	-13.38
	獲利矩陣	A	A	A	B2	C

其他連續5年為B級的個股則視個人需求，決定是否納入投資考量

從A、B級降至C級的股票，則列入觀察

我的矩陣股工作籃內的主要名單，可參見本書最後面的附錄（詳見第 290 頁，本書完稿時間為 2017 年 2 月）。

這個 Excel 投資工作籃，主要功能是記錄獲利矩陣表格資料，和我的另一個記錄工具「Evernote」可以互相搭配使用。Excel 方便的地方，在於一次可以比對許多公司的獲利矩陣等級；在同產業裡面，你可以先看獲利矩陣評等高的公司，再看評等低的公司。

同時你也會發現，某些產業的公司，獲利矩陣評等都很高，例如工業電腦和民生必需品產業。這表示這類公司的產業特性對投資人比較有利，即使你是一個一般水準的投資人，投入這些產業也很容易獲利。

Evernote 則記錄個股的文字和新聞資訊，還有自己整理的思考筆記，讓這兩個工具可以完全發揮不同的效用。

當蒐集的工作告一段落後，你就可以開始進入下一步——決定「先買哪些股票？」

利用財報狗網站選出可能的A級股

Step 1 進入財報狗網站（statementdog.com），點選❶「選股」（statementdog.com/pick/tpe），可看到左側 3 個區塊是❷候選條件區，右側一個區塊是❸自選條件區，只要按下❹候選條件旁的小箭頭，就能將該條件加入右方自選條件區。

Step 2 點選❶「選股大師」→❷「巴菲特選股」→點選下列 6 項條件右方的小箭頭：❸「ROE 近 1 年平均大於 15%」、❹「ROE 近 3 年平均大於 15%」、❺「ROE 近 5 年平均大於 15%」、❻「每股自由現金流近 1 年數據大於0元」、❼「每股自由現金流近 3 年平均大於 0 元」、❽「每股自由現金流近 5 年平均大於 0 元」6 項條件。可以看到，剛剛點選的 6 個選股條件，已被加入右方❾自選條件區。

接續下頁

Step 3 點選❶「獲利能力條件」→❷「利潤比率」→❸「營業利益率」，將❹「近1 年數據大於 5%」加入右方❺自選條件區。

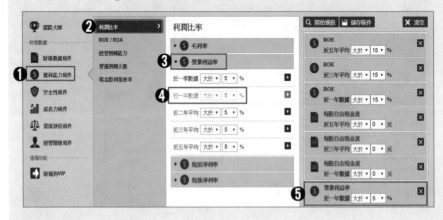

Step 4 點選❶「經營階層條件」→❷「董監持股質押比率」→將董監持股質押比率❸「目前小於 10%」加入右方❹自選條件區。

Step 5 點選❶「財報數據條件」→❷「其他指標」→❸「上市櫃時間」，將上市櫃時間❹「大於 5 年」條件加入右方❺自選條件區。確認條件都選取完成後，按下❻「開始選股」。

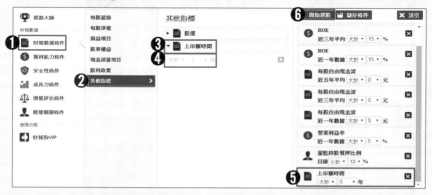

Step 6 本範例篩選時間為 2017 年 1 月 21 日，可看到一共篩選出❶ 76 檔個股，選取結果預設為❷「合併數據篩選」，也就是使用公司的母子公司合併財報數據。

這樣的篩選結果僅是初步篩選，仍需要個別查看個股近年的獲利矩陣評等，以挑出符合條件的標的。

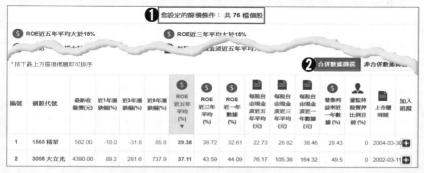

自製獲利能力矩陣等級表 快速分析個股

當你認識某檔個股，但不知道它的獲利能力矩陣等級，該怎麼找到答案呢？只要有「股東權益報酬率」（ROE）和「自由現金流」就能輕鬆辦到。土法煉鋼的方式，就是用 Excel 製作「獲利能力矩陣等級」表；先設計一個 Excel 表格，然後填入歷年來 ROE 和自由現金流，並設定公式即可！

實作教學》以製作台積電獲利能力矩陣等級表為例

以下我們以台積電（2330）為例，目標是製作一張如下圖的年度獲利能力矩陣等級表，其中 ROE 的單位是「%」，每股自由現金流的單位是「元」。

	A	B	C	D	E	F	G	H	I
1									
2		公司名稱	評估指標	2011	2012	2013	2014	2015	最新近4季
3			ROE	22.21	24.52	23.94	27.85	27.02	25.21
4		2330台積電	每股自由現金流	2.51	0.6	2.56	5.36	12.06	5.44
5			獲利矩陣等級	A	A	A	A	A	A

步驟1》設定近5年表格

我們先設計一張近 5 年年度資料的表格。打開一張空白 Excel 檔案,按下圖所示,輸入表格的欄列標題名稱。在❶儲存格 B2 輸入標題「公司名稱」,❷儲存格 B3 輸入公司名稱和代碼,本範例輸入「2330 台積電」。接著,在❸儲存格 C2 輸入標題「評估指標」,❹儲存格 C3 ～ C5 分別輸入指標名稱「ROE」、「每股自由現金流」、「獲利矩陣等級」。❺儲存格 D2 ～ H2 分別填入最近 5 年的年份數字,本範例輸入 2011 年至 2015 年。

	A	B	C	D	E	F	G	H
1						❺		
2		❶ 公司名稱	❸ 評估指標	2011	2012	2013	2014	2015
3			❹ ROE					
4		❷ 2330台積電	每股自由現金流					
5			獲利矩陣等級					

合併儲存格
同時選取B3、B4、B5這3個儲存格,點滑鼠右鍵,於選單點選「儲存格格式」→「對齊方式」頁面,勾選「合併儲存格」選項,再按「確定」,就能將3個儲存格合併在一起,以利視覺美觀

加上表格框線
如果想替表格加上框線,可選取整張表格(B2～H5),點滑鼠右鍵,於選單點選「儲存格格式」→「外框」頁面,確認線條的樣式和色彩後,再分別點選「外框」、「內線」按鈕,最後按「確定」,就能為表格加上框線

步驟2》查詢個股近5年的年度ROE

我們需要 ROE 和自由現金流數據,可善用財報狗網站的免費功能。進入財報狗網站(statementdog.com/),點選❶「個股」,❷搜尋欄位輸入「台積電」或股票代號「2330」並按下 Enter 鍵,左側選單點選❸「獲利能力分析」→❹「ROE／ROA」,就可以看到台積電近 5 年的合併財

報 ROE 的單季資料。但我們需要的是全年度資料，可在右上角按下❺「年報」，網頁就會切換成近 5 年的全年度 ROE 數據與曲線圖。❻此時可將查詢到的數字，填入步驟 1 的 Excel 表格。若要調整查詢區間，可在❼「近 5 年」叫出查詢區間選單，點選「自訂」，自行設定起始年度與季度即可。

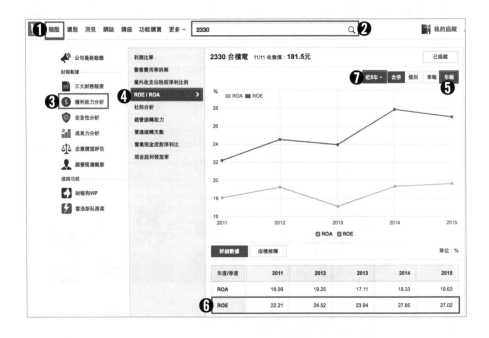

步驟3》查詢個股每股自由現金流

同樣在財報狗網站，我們需要的是「每股自由現金流」數字。在左側選單點選❶「三大財務報表」→❷「現金流量表」，會顯示現金流量表數據與曲線圖；再點選❸「每股現金流量表」，就會切換成每股現金流量的數

據，❹此時可將查詢到的數字，填入步驟 1 的 Excel 表格。

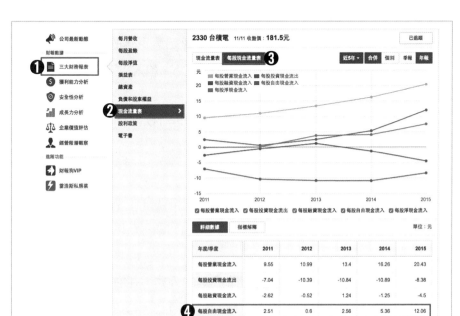

步驟4》確認表格填入正確ROE和每股自由現金流數據

將正確的 ROE 和每股自由現金流的數字都輸入 Excel 之後，即可完成如下表格：

	A	B	C	D	E	F	G	H
1								
2		公司名稱	評估指標	2011	2012	2013	2014	2015
3			ROE	22.21	24.52	23.94	27.85	27.02
4		2330台積電	每股自由現金流	2.51	0.6	2.56	5.36	12.06
5			獲利矩陣等級					

步驟5》設定公式讓Excel自動判讀獲利矩陣

接著我們要使用 Excel 裡面的「IF」函數，幫我們自動判讀矩陣等級（更詳細的函數介紹，詳見第 97 頁）。我們先設定第 1 年的獲利矩陣評等公式，在我們設定的表格當中，點選❶儲存格 D5，輸入以下公式：

> =IF(D3>=15,IF(D4>0,"A","B1"),IF(D3>=10,IF(D4>0,"B2","C"),IF(D3>0,IF(D4>0,"C1","C2"),"D")))

輸入完畢並按下「Enter」鍵之後，D5 儲存格就會根據同一欄的 ROE 和自由現金流數字，自動判斷矩陣等級，可以看到顯示結果為「A」等級。

接著，我們要將 2011 年獲利矩陣評等的公式，往右複製到 2012 年到 2015 年，也就是把 D5 公式複製到 E5～H5。❷以滑鼠點擊一下儲存格 D5，按住儲存格右下角不放，往右拖曳到右方的 E5 到 H5 儲存格後再放開，就能夠把表格公式複製過去。你會看到，E5 到 H5 都顯示為 A，這樣就設定完畢了。

	D5	▼ (●	f_x	=IF(D3>=15,IF(D4>0,"A","B1"),IF(D3>=10,IF(D4>0,"B2","C"),IF(D3>0,IF(D4>0,"C1","C2"),"D")))						
	A	B	C	D	E	F	G	H	I	J	K
1											
2		公司名稱	評估指標	2011	2012	2013	2014	2015			
3			ROE	22.2	24.52	23.94	27.85	27.02			
4		2330台積電	每股自由現金流	2.51	0.6	2.56	5.36	12.06			
5			獲利矩陣等級	❶A	A	A	A	A ❷			

步驟6》加入近4季獲利矩陣等級

前面的步驟是說明如何製作全年度的獲利矩陣等級，如果我們想要加入「近4季」的評等結果，要怎麼設定呢？我們以上述範例的台積電為例，先查詢近4季的ROE和每股自由現金流數字，再填入表格即可。

1. 取得「近4季ROE」數據：進入財報狗網站點選❶「個股」，❷搜尋欄位輸入「台積電」或股票代號「2330」，點選❸「獲利能力分析」→❹「ROE／ROA」，會顯示近5年合併財報「單季ROE」，按下❺「近4季ROE／ROA」，即顯示我們需要的結果。本範例查詢時間為2017年2月，查詢到的近4季ROE是25.21%（2015年第4季～2016年第3季）。

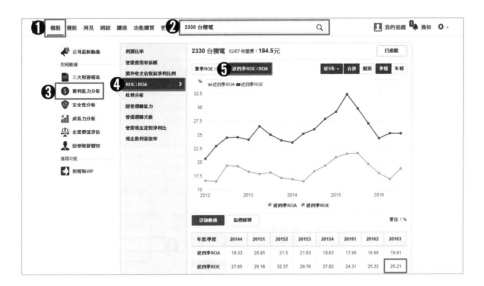

2.**取得「近 4 季每股自由現金流」數據**：承上，此時網頁會停留在台積電查詢結果頁面，直接於左側選單點選❶「三大財務報表」→❷「現金流量表」，則會顯示台積電的單季現金流量表資料；點選❸「每股現金流量表」，就會切換成每股現金流量的數據。❹將最新 4 季的「每股自由現金流入」加總，即為「近 4 季每股自由現金流」，例如台積電從 2015 年第 4 季～2016 年第 3 季各季的每股現金流入分別為 1.68、2.55、0.46、0.75 元，加總即為 5.44 元。

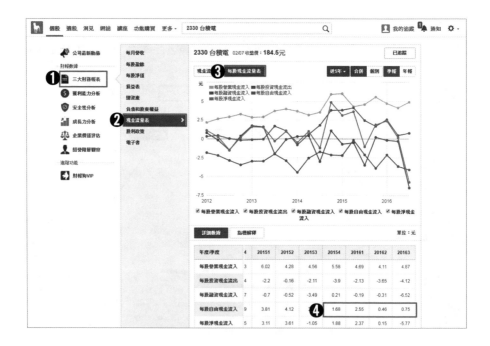

3. 將近 4 季的 ROE 和每股自由現金流填入表格：點選❶儲存格 I2，輸入文字「最新近 4 季」作為欄位標題。❷將台積電近 4 季 ROE「25.21」輸入儲存格 I3。❸將台積電近 4 季每股自由現金流「5.44」輸入儲存格 I4。❹按住儲存格 H5 右下角，往右拖曳到儲存格 I5，就可以把獲利矩陣評等的公式複製過去。

這樣最新近 4 季矩陣資料就完成了！可以看到台積電截至 2016 年第 3 季的等級也是 A。

	A	B	C	D	E	F	G	H	I	
									I5	=IF(I3>=15,IF(I4>0,"A","B1"),IF(I3>=10,IF(I4>0,"B2","C"),IF(I3>0,I
1										
2		公司名稱	評估指標	2011	2012	2013	2014	2015	最新近4季	❶
3			ROE	22.21	24.52	23.94	27.85	27.02	25.21	❷
4		2330台積電	每股自由現金流	2.51	0.6	2.56	5.36	12.06	5.44	❸
5			獲利矩陣等級	A	A	A	A	A	A	❹

步驟7》欲判斷其他個股等級，複製範例表格即可

之後你只要複製這個範例表格，然後輸入其他個股的 ROE 和每股自由現金流的數字，表格就能自動判讀獲利矩陣等級。

下頁圖以醫材股邦特（4107）為範例，可以看到邦特在 2011 年到 2015 年，從 B2 升級到 A 級，截至 2016 年第 3 季的近 4 季等級也是 A 級。

選取表格範圍，按滑鼠右鍵叫出
選單，點選「複製」

	A	B	C	D	E	F	G	H	I
1									
2		公司名稱	評估指標	2011	2012	2013	2014	2015	最新近4季
3			ROE	22.21	24.52	23.94	27.85	27.02	25.21
4		2330台積電	每股自由現金流	2.51	0.6	2.56	5.36	12.06	5.44
5			獲利矩陣等級	A	A	A	A	A	A
6									
7									
8		公司名稱	評估指標	2011	2012	2013	2014	2015	最新近4季
9			ROE	10.35	13.23	14.88	16.63	16.71	17.86
10		4107邦特	每股自由現金流	2.22	2.08	3.76	0.91	4.38	3.3
11			獲利矩陣等級	B2	B2	B2	A	A	A

點選一下B8儲存格，按滑鼠右鍵叫出選單，點選
「貼上」，即可將上方台積電表格複製過來，接著
再自行輸入邦特的ROE與每股自由現金流資料

　　如需要本篇矩陣 Excel 完成檔案範例，請到「goo.gl/etTMYV」下載，
如連結失效，請寫信至「service.redhouse@gmail.com」告知。

雷浩斯價值投資網提供矩陣資訊，供學員限時免費使用

　　你也可直接查詢獲利矩陣，「雷浩斯價值投資網」為了服務講座學員，
學員專屬功能區提供「獲利能力矩陣」查詢（學員參加講座可獲得半年或
3 年使用權，非學員可單獨購買付費功能，詳情請參考網站講座資訊）。

　　進入雷浩斯價值投資網（redhouse.statementdog.com），點選❶「學員專屬功能區」，左側選單點選❷「獲利能力矩陣」，❸搜尋欄中輸入股票代號，本範例輸入台積電的股票代號「2330」並按下 Enter 鍵，即可看到台積電的獲利能力矩陣等級，點選❹「年報」按鈕可看到❺年度資料。

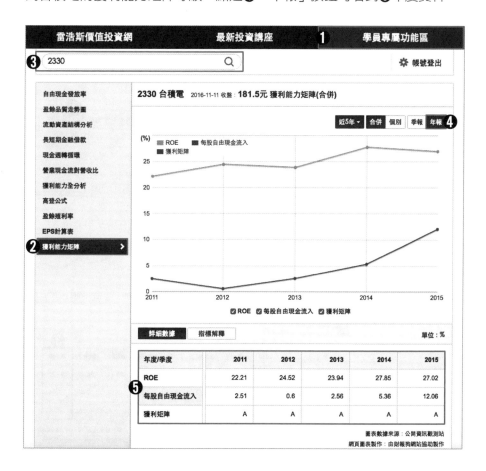

如果想用最新的近 4 季財報來做獲利矩陣等級表，可以點選右上角❶「季報」的按鈕，就會有「單季獲利矩陣」和「近 4 季獲利矩陣」這兩個選項，我們可以把❷「近 4 季獲利矩陣」當作最新的矩陣等級，例如表格當中，❸「20163」則代表截至 2016 年第 3 季，台積電的近 4 季獲利矩陣等級。

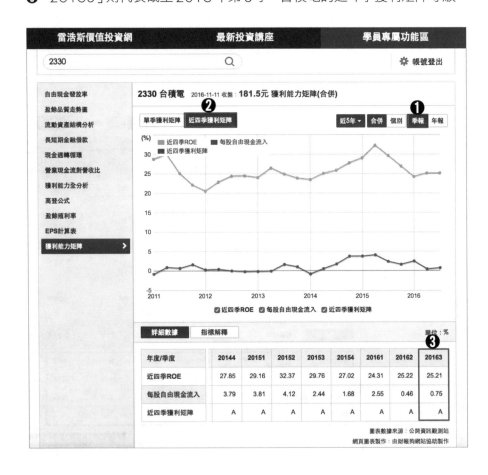

利用Excel「IF」函數自動判斷獲利矩陣等級

Excel 當中的「IF」函數，是一個簡單且常用的功能，它可以判斷某儲存格是否符合我們設定的條件。符合條件，會顯示我們指定的結果；未符合條件，則顯示我們指定的另一個結果。

IF 函數的基本格式：「=IF（參數 1, 參數 2, 參數 3）」

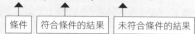

例如，儲存格 A1 輸入「=IF(B1>59," 及格 "," 不及格 ")」，代表我們設定的條件是「儲存格 B1 大於 59」，當 B1 裡的數值大於 59，A1 就會顯示「及格」2 字；B1 裡的數值小於或等於 59，A1 則會顯示「不及格」3 字。

除了文字或數字，顯示結果也可以設定為另一個公式或函數的運算結果。若判斷的條件有好幾個，就可以使用多層的 IF 函數。

像是判斷個股獲利能力矩陣等級時，必須使用多種條件，因此可善用多層的 IF 函數來設定公式。以本文當中的台積電範例來說，我們是在 D5 儲存格（2011 年獲利矩陣等級）設定公式：

個股獲利能力矩陣等級條件

等級	ROE區間	自由現金流
A	ROE≧15	>0
B1		≦0
B2	15>ROE≧10	>0
C		≦0
C1	10>ROE>0	>0
C2		≦0
D	ROE≦0	

接續下頁

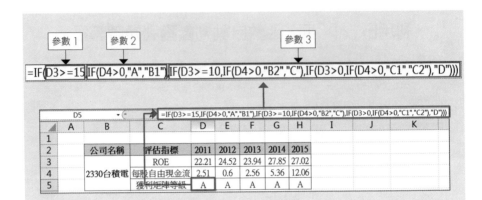

第1個IF

條件（參數1）：D3 ≧ 15（2011年 ROE ≧ 15）。如果 D3（2011年 ROE）符合大於等於 15 的條件，就會是 A 級或 B1 級。

符合條件結果（參數2）：這個參數是要分辨 A 級或 B1 級，因此須以 D4 儲存格（2011年每股自由現金流）是否大於 0 來判斷，參數 2 就可以寫成「IF(D4>0,"A","B1")」。

未符合條件的結果（參數3）：D3（2011年 ROE）未達 15 的話，就要用下一層 IF 函數判斷是否大於等於 10，來找出 B2 與 C 級，並且用自由現金流大於 0 條件來界定是 B2 或 C 級，依此類推。

2-6 A級股也可能降級 應定期檢視並調整持股

當你完成了「蒐集」的工作之後，看著投資工作籃裡面許多的股票，你心裡面的疑問就是：「我要先買哪幾檔？」矩陣選股法的重點是找出過去 5 年為 A 級的公司，然後希望能夠從中找出「未來」持續能維持 A 級的公司，這樣才能讓你的投資獲利豐厚。如果順利的話，當然是希望能買到未來 5 年都能持續 A 級的公司。

但困難的是，我們怎麼知道過去 A 級的公司未來會不會是 A 級？如果買進後降級到 C 級，那投資成果可能就不好看了。如果掉到 C 級立刻停損，隔年該個股回到 A 級，那不就誤殺了嗎？關於這些問題，由於未來還沒發生，所以我們沒辦法判定；但我們可以研究過去的資料，找出可能的答案。

2006～2010年88家A級樣本，2011年已有3成降級

為了思考「A 級股降級的機率有多少」、和「降級之後投資人會不會虧

錢」這兩個問題的答案，我找出台股 2006 年到 2010 年表現大多數是 A
級的公司，並且忽略 2008 和 2009 年這兩年因為金融海嘯而表現過差的
情況。從中把 5 年內有 3 年以上都是 A 級的公司拿出來比較，得到共計
88 家的樣本。

　　我們來觀察這 88 家公司在 2011 年和 2012 年的矩陣等級變化。 首
先看 2011 年，A 級到 B1 級共有 60 家，我們稱之為「維持組」，占總

88家A級樣本2011年有68%維持A～B1級

——88家A級公司樣本2011年矩陣等級表現

2011年矩陣等級	家數	占總樣本比率（%）
維持組（A～B1級）	60	68.18
降級組（B2～C級以下）	28	31.82

28家降級公司中，有8家嚴重衰退至C級

——28家降級組公司樣本2011年矩陣等級表現

2011年矩陣等級	家數	占總樣本比率（%）
降級到B2級（營運轉差）	20	22.73
降級到C級以下（嚴重衰退）	8	9.09

樣本的比率是 68.18%（詳見表 1）；占總樣本的比率，就是你可能隨機
選中這檔股票的機率。

　　剩下的 28 家公司，於 2011 年降到 B2 級～ C 級以下，又稱為「降級
組」，占總樣本比率是 31.82%。其中，降級到 B2 稱為「營運轉差」，
有 20 家公司，占總樣本比率是 22.73%；而降級到 C 以下稱為「嚴重衰
退」，合計有 8 家公司，占總樣本比率是 9.09%，換句話說，88 家公司
裡面，隨機買到嚴重降級公司的機率是 9.09%（詳見表 2）。

2011年降級公司，2012年回到A～B1級機率僅14%

　　這些 2011 年的降級組公司，在 2012 年有沒有可能敗部復活呢？
2011 年 B2 等級的 20 家公司，到了 2012 年，有 3 家升級到 A ～ B1 級，
維持原本 B2 等級的有 9 家，降級到 C 級以下的有 8 家。原本 C 級以下
升到 A ～ B1 級的公司有 1 家，升級到 B2 級的有 1 家，維持在 C 級以
下的有 6 家（詳見表 3）。

　　真的要講，敗部復活的機率不太高，28 家降級組的升級到 A ～ B1 級
合計 4 家，機率僅有 14%。

　　至於 2011 年的 60 家維持組公司，2012 年只剩下 47 家繼續維持 A ～

表3

2011年28家降級組,隔年僅4家升回A～B1級
——28家降級組公司樣本2012年矩陣等級表現

2011年矩陣等級表現	家數	2012年矩陣等級表現	家數
B2級	20	升級到A～B1級	**3**
		維持B2級	9
		降級到C級以下	8
C級以下	8	升級到A～B1級	**1**
		升級到B2級	1
		維持C級以下	6

 表4

2011年60家維持組,隔年有47家維持A～B1級
——60家維持組公司樣本2012年矩陣等級表現

2011年矩陣等級表現	家數	2012年矩陣等級表現	家數
A～B1級	60	維持A～B1級	**47**
		降級到B2級	6
		降級到C級以下	7

B1 級;其餘掉到 B2 的有 6 家,嚴重衰退到 C 級的有 7 家(詳見表 4)。

總結以上的統計,2006 ～ 2010 年 88 家多為 A 級的公司,從 2011 到 2012 年,維持 A ～ B1 級的公司家數呈現下滑,這顯示公司能持續維

88家A級公司樣本2年後近58%維持A～B1級
——88家A級公司樣本2年後矩陣等級表現

2011年矩陣等級表現	2011年家數	占比（％）	2012年家數	占比（％）
維持組（A～B1級）	60	68.18	51	**57.95**
降級組（B2～C級以下）	28	31.82	37	42.04

持等級是一件不容易的事情！不過從樣本中選到 2 年後仍為 A ～ B1 級股票的機率，仍然超過 5 成以上（詳見表 5）！

　　當然，實際上在選股時，不能夠輕易的隨機挑選，想要提高選到好股票的機率，當然就要了解，如何避免選到可能降級的 A 級公司？以及應該優先買進具備何種條件的 A 級公司？接下來兩章，將會進一步為大家說明。

2-7 留意3關鍵指標 避免買到可能降級公司

　　選股雖然和機率有關係,但是投資本身並不是數學遊戲,而是社會科學;機率可以幫助衡量勝算,但不代表選股只是隨機的結果,如果是,那麼叫電腦選股票即可。

　　實務上,電腦程式可以幫我們快速計算和按照條件來選股,然而電腦沒辦法幫我們過濾個股的新聞資訊、產業概況,以及對這些資訊做出後續的判斷和整理。舉例來說,電腦的計算能力可能贏過人類的心算高手,但是拿一張圖片叫電腦看圖說故事,它恐怕說不出任何好故事,而隨便一個人類小孩講故事的能力都贏過電腦程式。

　　人腦的優秀之處,在於可以從經驗中辨識資訊的模式,只要能夠了解一間公司升級和降級的原因,就能減少選到降級股的機會。降級不會一夕之間突然發生,如果你買入的標的未來 2 年內會降級到 C 級,那麼至少你有 2 年的時間可以觀察。建議可留意以下 3 大關鍵指標,可幫助我們避免

選到降級股。

關鍵指標1》避開近4季ROE趨勢下滑的公司

首先,最重要的關鍵是近 4 季股東權益報酬率（ROE）趨勢。只要每季財報出來以後,觀察個股的「近 4 季 ROE」趨勢是否下滑,就可以判斷了。

我們同樣利用本書 2-6 所篩選的樣本來觀察,2006 ～ 2010 年獲利能力矩陣等級多為 A 級、但 2011 年降級到 B2 級以下的 28 家降級組公司,我們在這 28 家公司當中挑出 10 檔,然後觀察這 10 檔股票在 2011 年到 2012 年的「近 4 季 ROE」趨勢,可以發現下滑趨勢相當明顯（詳見圖 1）。

接著我們再思考,這些公司降級是暫時的?還是未來持續會降級?可以整理出大約 2 個原因:「產業外在因素」和「規模太小」!

原因1》產業外在因素

產業因素是外在因素,觀察重點在於「同產業所有公司獲利都會同步下滑」。雖然 A 級公司下滑幅度會比較少,但是仍然抵抗不了下滑的力道。例如被列為台塑四寶的台塑（1301）、台化（1326）、台塑化（6505）、南亞（1303）,以及航運股裕民（2606）、背光模組廠中光電（5371）,

圖1 降級組公司樣本近4季ROE下滑趨勢明顯
——10家降級組公司2011～2012年近4季ROE表現

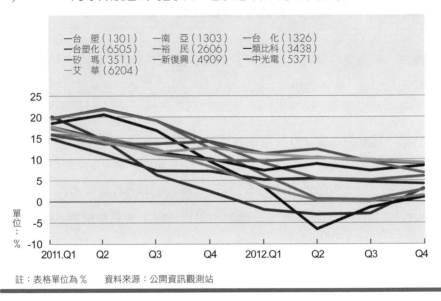

註：表格單位為％　　資料來源：公開資訊觀測站

這些公司面臨產業下滑的劣勢，因此處於不利的環境之中。

原因2》規模太小

要分辨何為規模太小的公司，可以觀察公司股本是否小於新台幣10億元。例如面板電源管理晶片廠類比科（3438）、連接元件廠矽瑪（3511）、利基型印刷電路板廠新復興（4909）、被動電子元件廠艾

公司名稱	2011 Q1	2011 Q2	2011 Q3	2011 Q4	2012 Q1	2012 Q2	2012 Q3	2012 Q4
台 塑 (1301)	19.78	22.21	19.28	14.23	9.33	5.70	5.34	6.27
南 亞 (1303)	16.13	15.44	12.59	8.45	3.79	0.48	0.28	1.65
台 化 (1326)	19.93	21.93	19.29	12.71	6.46	0.85	0.59	2.98
台塑化 (6505)	18.71	20.77	16.98	9.63	3.59	-6.28	-1.16	1.26
裕 民 (2606)	17.39	15.06	11.43	10.00	9.74	10.67	9.65	7.04
類比科 (3438)	17.87	14.94	11.82	10.24	7.56	9.12	7.54	8.65
矽 瑪 (3511)	20.32	14.79	6.50	2.54	-1.70	-2.81	-2.60	3.26
新復興 (4909)	15.99	13.82	13.88	14.40	11.56	12.60	9.70	9.21
中光電 (5371)	15.04	11.40	7.49	7.35	5.36	5.68	4.81	4.39
艾 華 (6204)	17.86	14.32	11.80	12.92	11.46	10.53	10.11	9.36

華（6204）等，這些公司的股本不到 10 億元，一旦遇到其他規模更大公司的競爭，很有可能因此落敗。

要是你選到這類標的，發現「近 4 季 ROE」趨勢下滑，且剛好處於大盤相對高點，持股虧損不多的情況，可以直接賣出，運氣好的話甚至還會小賺，畢竟這些公司底子比起其他公司好多了。賣出後，可將資金轉入其

表1 宏達電2011年現金股利發放率突跌至54%
——宏達電（2498）獲利矩陣等級、EPS、現金股利發放率

股利所屬年度	2008	2009	2010	2011	2012	2013	2014	2015
獲利矩陣等級	A	A	A	A	A	D	C1	D
EPS（元）	36.16	27.35	46.18	73.32	20.21	-1.6	1.8	-18.79
現金股利（元）	27	26	37	40	2	0	0.38	0
現金股利發放率（%）	74.67	95.06	80.12	54.56	9.92	0	21.11	0

資料來源：公開資訊觀測站、雷浩斯價值投資網

他實力更強的 A 級股，讓你的資金報酬率更有效率！

關鍵指標2》避開現金股利政策不穩定的公司

除了觀察近 4 季 ROE 趨勢以外，還有一個指標雖不顯眼，但是也頗為重要，就是「現金股利」（股息）的穩定度。一間公司如果資產現金部位不少，過去也願意發現金，但某一天突然不願意發現金股利出來？這種狀況很有可能有問題，可能是公司認為未來會營運不佳。

例如生產 HTC 手機的宏達電（2498），2008 年到 2012 年都是 A 級，

2011年起，宏達電近4季ROE呈下降趨勢
——宏達電（2498）近4季ROE趨勢

註：資料期間 2009.Q3 ～ 2016.Q3　　資料來源：公開資訊觀測站、財報狗網站

如果你在 2008 年低檔買入宏達電，之後絕對賺翻。但是 2011 年宏達電獲利不差，現金股利發放率卻下降到 54.56%，顯然不合理，公司此時可是有高達 34% 的現金資產啊！而隔年公司每股盈餘（EPS）暴跌到只剩下 20 元，現金股利發放率竟然下降到 9.92%，之後一路下滑；2013 年開始虧錢、矩陣等級也跌落到 D 級（詳見表 1）。如果你買到這檔股票以為是撿便宜，那恐怕會損失慘重。

　　降級的可能性，同樣也可以觀察「近 4 季 ROE」趨勢。從 2011 年第 4 季起，雖然宏達電近 4 季 ROE 數字都相當高，卻呈現明顯的下降趨勢（詳見圖 2），此時應該有所警覺。

表2　**金麗-KY於2014年現金股利發放率大減**
——金麗-KY（8429）獲利矩陣等級、EPS、現金股利發放率

年度	2011	2012	2013	2014	2015
獲利矩陣等級	B1	A	A	A	A
EPS（元）	7.3	8.84	7.89	7.85	7.69
現金股利（元）	N/A	4.3	3.95	0.7	0.4
現金股利發放率（%）	N/A	48.64	50.06	8.92	5.2

註：金麗 -KY 於 2012 年 10 月公開發行、同年 12 月上市，本表僅列出 2012 年起之現金股利數據
資料來源：公開資訊觀測站、雷浩斯價值投資網

　　時間不夠的繁忙上班族，恐怕沒辦法詳細分析宏達電為何會降級，但是你可以從現金股利發放率來思考，想一想「買其他股票會不會更划算？」如果宏達電持續減少現金股利，你的報酬率就會變少，這時候轉換到其他A 級股，會是更明智的選擇！

　　另一個案例是運動休閒鞋製造商金麗 -KY（8429），雖然這間公司在2011 年到 2015 年的獲利矩陣等級都表現得不錯，維持在 B1 ～ A 等級，2012 與 2013 年的現金股利發放率也都有大約 5 成，但是 2014 年與2015 年的現金股利發放率卻大幅下降，分別僅有 8.92%、5.2%（詳見表 2），同時，它的近 4 季 ROE 趨勢也逐漸下滑（詳見圖 3），所以這類標的，我肯定也會避開！

金麗-KY的近4季ROE呈現下滑趨勢
──金麗-KY（8429）近4季ROE趨勢

註：資料期間：2012.Q3～2016.Q3　　資料來源：公開資訊觀測站、財報狗網站

也許有人會認為沒必要為現金股利發放率降低而斤斤計較，那我們來聽大名鼎鼎的成長股之父菲利普‧費雪（Philip Fisher）的說法好了。費雪在經典著作《非常潛力股》這本書第7章「關於股息的紛紛擾擾」提到：「股息最重要但是卻最少被提到的就是規律性和可靠性，明智公司會制定好穩定的股息政策，然後維持不變，並且讓股東清楚知道這個政策。」穩定的股息政策，其實代表著公司運用資金的能力，這種小地方絕不該疏忽。

關鍵指標3》避開董監事質押比高的公司

投資人通常會看「董監事持股」的高低，來評估老闆有沒有和投資人站

在同一邊，但是「董監事質押比」才是更重要的指標。

質押比的意思就是董監事拿持股和銀行抵押借款，通常大多數人都會想：「董監事沒事借錢幹嘛？」如果投資人打電話去上市櫃公司問發言人，官方說法通常是：「這是董監事的個人理財。」他們並沒有騙你，只是有一部分話沒說：「董監事個人理財：有問題。」

董監事質押股票，可解讀為與投資人利益不一致

在張漢傑博士《破解財務危機：台灣首度以財務及非財務指標分析危機公司》這本書內，介紹過董監事質押比這個指標，背後的解釋就是：「董監事個人理財有問題，或者資金用途有問題。」過去地雷股案例之中，也有直接拿借到的錢去炒作股票。即使沒有炒作，董監事質押股票借款，對投資人而言就是「董監事和你站在不同邊，利益不一致」。

除了張博士的書以外，在台灣經濟新報（TEJ）2005 年 11 月《貨幣觀測與信用評等》的財報舞弊專題之 3 討論「陞技案」的案例，第 109 頁說：「我們觀察到的疑點實在有限，但很致命的高設質指標，竟然被我們忽略。」

陞技於 2000 年 6 月上市，是當時知名的主機板二線廠。2004 年 12月台灣證券交易所懷疑陞技財報不實而主動查帳，因陞技無法提出合理解

釋，該月就被打入全額交割股。2005 年檢調單位開始調查，結果發現陞技的罪狀包括虛增營收、設立假公司進行假交易，董事長更涉及掏空公司資產約新台幣 148 億元、內線交易……等。陞技 2006 年將公司改名後，在同年下市。

在財報舞弊專題之 3「陞技案」也提到：「董監事持股率不到 10%、質押比超過 40% 以上的公司有 89 家，其中 41 家已是違約公司。」像是陞技上市當年（2000 年）12 月，董監事設質比率就達到 38%，董事長個人更達到 53%。2002 年底 35%，2003 年 12 月近 44%，2004 年 12月 75%。這提醒我們，在看財務數據時，都必須要更進一步質疑其可能的漏洞。

董監事持股比率高，並不代表籌碼穩定

有網友問過：「有些公司雖然質押比高，但是董監事持股也高，這樣股票籌碼也不會對外流通，不是代表公司股權穩定嗎？」這樣想的實在太過簡單，董監事持股的比率有法規依據，資本額大的持股比率相對少，資本額少的持股比率規定要相對高。

舉例來說：實收資本額在新台幣 3 億～ 10 億元的公開發行公司，全體董事持股須至少 10%，監察人至少 1%；資本額在 10 億～ 20 億元左右的公司，董事持股則至少要 7.5%，監察人至少 0.75%。持股高低如果只

是符合法規規定的比率,頂多可説是「守法」,不足以稱之為這家公司「籌碼穩定」。

還有很常見的狀況是,有些董監事除了自己個人的持股之外,額外設立投資控股公司來買進股票,要賣出時也可以自行賣股,不用刻意公告主管機關。所以一家公司表面上的董監事持股高低,不完全能看出全貌,還要看年報上面的「前10大股東持股」是否有董監事設立的控股公司才行。

法規規定了持股的高低,但是別有居心的董監事則會把股票拿去抵押借款,這樣手上同時有現金,又能夠用股權控制公司!這種狀況,就算股價下跌,經營不善,董監事仍然不會有損失。你想想看,這樣的董監事,會跟一般的散戶投資人站在同一陣線嗎?

光洋科、樂陞爆弊案,董監事質押比皆極高

以近年的例子來看,2016年初爆出員工偷黃金案的光洋科(1785),之後董事長竟然自首報案坦承做假帳,且時間長達5年。觀察光洋科的董監事質押比,自2015年7月以來到2017年1月就高達90%上下!

2016年鬧得沸沸揚揚的遊戲股樂陞(3662)合併案,在當年5月底,大股東日商百尺竿頭公司宣布將收購樂陞,以溢價22%的價格,從公開市場收購樂陞股票,並且經由投審會審查通過,吸引散戶進場;8月底卻

宣告購併案破局，樂陞股價暴跌，原本在百元以上的股價，在同年 11 月暫停交易時僅剩 13.2 元。隔年樂陞負責人以犯下證券交易法證券詐欺、內線交易、操縱股價、特殊背信等罪，被台北地方法院檢察署提起公訴。觀察其董監事質押比，2016 年 1 月達 63.86%，2 月為 71.07%，3 月到 8 月更高達將近 90%！

同樣在 2016 年 11 月突然宣布停飛、解散公司的復興航空，2017 年 2 月正式下市，觀察其 2016 年 12 月的董監事質押比也達 33%！

這些荒唐的事情在股市上不斷發生，讓許多投資人受害，因此檢查董監事質押比是投資前不可不做的必要準備！

真正有誠信的公司，董監事本身就會高持股，不會做額外的其他控股行為，也不會有質押比，這種才叫做「和投資人站在同一邊」。

本文並非說董監事質押比高的公司一定會變成地雷股，但是董監事質押比高的公司我一定會避開，這類公司無法讓我安心，更遑論納入「存股」投資標的之中。表 3 列出 2017 年 1 月董監事質押比超過 50% 的 68 間公司，提供讀者參考。

在這邊要說明一個重要的概念：獲利矩陣選股並非是一個「萬能指標」。

表3 ／**2017.01共有68家公司董監事質押比超過50%**
——2017年1月董監事質押比超過50%的公司

公司名稱	董監持股質押比（％）	公司名稱	董監持股質押比（％）
佳 營（6135）	100.00	國 喬（1312）	80.36
樂美館（4802）	100.00	華 晶 科（3059）	78.88
昱 泉（6169）	99.97	磐 亞（4707）	77.71
偉 盟（8925）	99.92	華 冠（8107）	76.20
龍 邦（2514）	98.09	威 力 能（5238）	74.61
新世紀（3383）	97.69	穆拉德加捷（4109）	72.38
美 亞（2020）	97.69	光 群 雷（2461）	71.72
京城銀（2809）	96.45	國 統（8936）	71.52
禾聯碩（5283）	94.98	幸 福（1108）	71.49
弘 捷（6101）	92.77	中 石 化（1314）	71.33
遠 業（3307）	92.52	開 發 金（2883）	71.06
凌 巨（8105）	91.15	台 數 科（6464）	70.95
如 興（4414）	90.62	家 登（3680）	70.49
光洋科（1785）	90.13	和 昇（2720）	69.21
和 旺（5505）	86.35	浩 鼎（4174）	69.19
富 驊（5465）	86.25	長 虹（5534）	67.08
千 興（2025）	85.30	必 翔（1729）	66.77
安 可（3615）	80.96	三 陽 工 業（2206）	66.47

公司名稱	董監持股質押比（%）	公司名稱	董監持股質押比（%）
匯鑽科（8431）	65.90	惠　普（8424）	58.76
慧洋-KY（2637）	65.16	久裕興（4559）	58.56
精　英（2331）	65.16	日勝生（2547）	57.49
台　通（8011）	64.36	力　成（6239）	57.17
東科-KY（5225）	64.15	瑞　寶（6479）	56.38
橘　子（6180）	62.96	錢　櫃（8359）	56.35
大魯閣（1432）	62.91	相　互（6407）	54.94
傳　奇（4994）	62.68	華　上（6289）	53.79
正　道（1506）	62.50	台　一（1613）	53.27
嘉　鋼（2067）	62.38	康友-KY（6452）	53.12
友　達（2409）	62.06	偉　訓（3032）	52.76
安泰銀（2849）	62.01	華　建（2530）	52.46
國　巨（2327）	61.04	隆　大（5519）	51.71
威　剛（3260）	60.64	大成鋼（2027）	50.92
金　樺（6521）	59.82	亞　昕（5213）	50.65
單　井（3490）	59.67	旺　詮（2437）	50.33

註：資料日期 2017.01　　資料來源：財報狗網站

矩陣選股能找出好公司，但是無法預測好公司未來是否會轉壞。

實際上沒有任何指標能完美預測轉壞的機率，因為未來根本還沒發生！再好的公司都有可能被科技快速進步所淘汰，或者因為結構老化而讓經營效率轉差。矩陣選股運用的指標也太過簡化，因此無法防範新穎的做假帳手法；某些不良的公司派一開始就給會計師錯誤的資料，在刻意隱瞞的情況下，會計師也可能被騙。

我們總結避免選到降級股的 3 個重點：

1. 觀察近 4 季 ROE 下滑的原因，如產業趨勢下滑或者公司股本太小就要小心。

2. 現金股利不穩定的公司也要小心。

3. 董監事質押比高的公司一定要避開！

這 3 個重點主要在設法補足矩陣式選股的漏洞，但是沒有辦法做到完美。而實際上，也沒有什麼完美或者萬能的神奇指標，如果有，投資就是一件人人都能簡單發大財的事情了。

進階檢查3條件
找到持續維持A級的好股

2-8

現在來思考，能夠持續維持在 A 級的公司有哪些因素？它一定是能持續賺錢的好公司，而持續賺錢的公司一定是「獲利能力良好」、「管理能力優越」，並且「財務結構不差」，所以我們檢查這 3 點即可。

前面章節（詳見 2-2、2-3）提到的 20 檔領先組公司，在 2011 到 2015 年都是 A 級，所以我們拿這 20 檔 A 級公司來比較共通點。首先檢查獲利能力：

1.檢查獲利能力》觀察稅後淨利率
愈高愈好，能長年維持更佳

獲利能力代表公司賺錢的能力，需觀察的指標是「稅後淨利率」（簡稱淨利率），公式為「稅後淨利／營收」。稅後淨利率可以用來衡量公司營收扣掉成本、費用、稅金，並加計業外損失或獲利之後，最終剩下的利潤，

20檔領先組公司5年來稅後淨利率多達10%以上
——20檔「領先組」2011～2015年稅後淨利率統計

稅後淨利率	2011	2012	2013	2014	2015
稅後淨利率≧20%	6	8	7	9	9
20%＞稅後淨利率≧10%	11	10	10	8	9
稅後淨利率＜10%	3	2	3	3	2

註：上表單位為家數　　資料來源：公開資訊觀測站

共占營收多少比重。稅後淨利率10%表示每100元的營收，可以得到10元的稅後淨利，這個比率代表著賺錢獲利能力，數字愈高愈好！

2011到2015年都是A級的20家公司，2015年稅後淨利率大於20%的有9家，介於10%～20%的也有9家，小於10%的僅有2家（詳見表1）。

其中，寶雅（5904）、豐泰（9910）、廣隆（1537）、佳格（1227）這4間公司的稅後淨利率比較低，在8%～11%左右徘徊。大立光（3008）、川湖（2059）、台積電（2330）、可成（2474）、精華（1565）稅後淨利率較高，在30%～43%的區間，其餘股票的淨利率表現則在上述兩個區間之間（詳見表2）。

表2　股王大立光的2015年稅後淨利率高達43.24%
——20檔「領先組」2015年稅後淨利率

公司名稱	稅後淨利率（％）	公司名稱	稅後淨利率（％）
大立光（3008）	43.24	儒　鴻（1476）	16.35
川　湖（2059）	42.75	伸　興（1558）	14.43
台積電（2330）	36.34	研　華（2395）	13.49
可　成（2474）	30.55	聯　詠（3034）	12.58
精　華（1565）	24.85	中聯資源（9930）	11.92
耕　興（6146）	24.68	新　麥（1580）	11.85
鑫永銓（2114）	22.83	廣　隆（1537）	11.54
鼎　翰（3611）	21.70	佳　格（1227）	10.79
崑　鼎（6803）	20.56	寶　雅（5904）	8.91
皇　田（9951）	17.64	豐　泰（9910）	8.35

資料來源：公開資訊觀測站

　　我們拿這個數字和台股其他公司比較，就台股上千檔股票來說，平均 5 年來稅後淨利率小於 10% 的公司共計有 1,060 間，顯示大多數公司利潤比率都不高。而平均 5 年淨利率高於 30% 的公司也僅有 45 間，顯示維持高淨利率是一件並不容易的事情。

　　因此長期高稅後淨利率的公司可以說競爭力非凡，如果我們在 A 級股之中優先選出淨利率較高的公司，相信勝率會更加提高！

2.檢查管理能力》觀察總資產周轉率
低稅後淨利率公司，宜有高總資產周轉率

（手寫筆記：製造、流通、加工）

「總資產周轉率」代表公司運用資產來產生營收的能力，可以把它當成管理能力的展現！總資產周轉率的公式為「營收／總資產」，得出的數字若為 2，代表公司可運用總資產，產生 2 次相當於總資產金額的營收。

通常淨利率低的公司如果為了維持股東權益報酬率（ROE），最好要把總資產周轉率衝到 1.5 次以上！可以看到先前提過淨利率偏低的寶雅、豐泰、廣隆 3 家公司，總資產周轉率在 1.5 ～ 1.9 次之間，表現相當不錯。佳格的總資產周轉率就略少一點，在 1.24 次左右。

而高淨利率的公司如大立光、台積電、川湖等，就不需要太高的總資產周轉率，這 3 間公司的總資產周轉率都小於 1（詳見表 4）。

3.檢查財務結構》觀察長短期金融負債比
愈低愈好，最好能在30%以下

財務結構指標通常看的是「負債比」，包含應付給下游廠商的「應付款」和跟銀行借錢的「金融負債」，一般而言，負債比不要太高都沒問題。獲利能力好的公司，理論上也不會有太高的負債。

20檔領先組公司，約有半數總資產周轉率小於1
——20檔「領先組」2011～2015年總資產周轉率統計

總資產周轉率	2011	2012	2013	2014	2015
總資產周轉率＜1	11	10	10	9	10
1.5＞總資產周轉率≧1	5	7	8	8	7
總資產周轉率≧1.5	4	3	2	3	3

註：上表單位為家數　　資料來源：公開資訊觀測站

 豐泰稅後淨利率低，但總資產周轉率相對高
——20檔「領先組」2015年總資產周轉率

公司名稱	總資產周轉率（％）	公司名稱	總資產周轉率（％）
豐　　泰（9910）	1.94	皇　田（9951）	0.94
寶　　雅（5904）	1.89	精　華（1565）	0.89
廣　　隆（1537）	1.51	耕　興（6146）	0.72
儒　　鴻（1476）	1.44	鑫永銓（2114）	0.72
新　　麥（1580）	1.40	大立光（3008）	0.67
佳　　格（1227）	1.24	鼎　翰（3611）	0.65
聯　　詠（3034）	1.24	崑　鼎（6803）	0.53
研　　華（2395）	1.12	台積電（2330）	0.51
中聯資源（9930）	1.11	川　湖（2059）	0.49
伸　　興（1558）	1.02	可　成（2474）	0.48

資料來源：公開資訊觀測站

　　我們把負債項目當中，公司向銀行借錢的金融負債拿出來和總資產比較，就是「長短期金融負債比」（計算方式為：「長短期金融負債／總資產」）。這個比率可以顯示出真正和銀行借款的負債比率；如果長短期金融負債愈高，代表公司要支付給銀行的借款利息壓力會愈沉重；一家優秀的公司，我認為其長短期金融負債比最好能在 30% 之下。

　　我們可看到在 20 家領先組公司中，大部分公司的長短期金融負債比都介於 10% ～ 20% 之間，大於 20% 的相當少（詳見表 5）。像是股王大立光擁有高 ROE、高淨利率，長短期金融負債比卻相當低，以 2015 年來說，長短期金融負債比僅有 0.27%（詳見表 6），也就是說，大立光在 2015 年每 1 萬元的資產，只有 27 元是來自於向銀行的借款；拉長時間來看，從 2008 年到 2015 年，大立光只有其中一年的長短期金融負債比為 1% ～ 2% 之間，其餘年度都維持在 1% 以下。

　　綜合上面的資訊，我們整理出輔助的優先選股條件如下：

1. 找稅後淨利率高於 10% 的公司，表示獲利能力良好！
2. 若稅後淨利率不到 10%，總資產周轉率要逾 1.5 次，管理能力才佳！
3. 找財務結構好的，負債比相對低，長短期金融負債比最好低於 30%！

　　對於略熟悉財務指標的投資朋友們來說，結合獲利、管理、財務結構的

20檔領先組公司，長短期金融負債比多小於20%

——20檔「領先組」2011～2015年長短期金融負債比統計

長短期金融負債比	2011	2012	2013	2014	2015
長短期金融負債比≧20%	5	5	3	3	4
20%＞長短期金融負債比≧10%	5	8	12	11	7
長短期金融負債比＜10%	10	7	5	6	9

註：上表單位為家數　　資料來源：公開資訊觀測站、財報狗

大立光長短期金融負債比不到1%

——20檔「領先組」2015年長短期金融負債比

公司名稱	長短期金融負債比（%）	公司名稱	長短期金融負債比（%）
大立光（3008）	0.27	新　麥（1580）	10.56
鑫永銓（2114）	1.56	寶　雅（5904）	11.96
川　湖（2059）	1.74	佳　格（1227）	12.03
耕　興（6146）	3.22	儒　鴻（1476）	15.20
研　華（2395）	6.37	台積電（2330）	17.23
伸　興（1558）	7.72	可　成（2474）	19.66
廣　隆（1537）	8.91	中聯資源（9930）	21.74
精　華（1565）	9.17	皇　田（9951）	23.26
聯　詠（3034）	9.38	豐　泰（9910）	23.72
崑　鼎（6803）	10.38	鼎　翰（3611）	37.04

資料來源：公開資訊觀測站、財報狗

這些指標，就是大名鼎鼎的 ROE「杜邦方程式」（詳見註 1）！如果沒有時間仔細研究杜邦方程式的公式，那麼只要記住──獲利能力愈強（高稅後淨利率）以及管理能力愈好（高總資產周轉率），是一家公司擁有高ROE 的關鍵！

此外，若公司能夠善加利用負債等財務槓桿，也能夠提高 ROE，只是向銀行借款不宜過高。透過上述的介紹，希望能讓你更加了解如何看待公司的競爭力來源，並應用在選股上，進而提高投資獲勝機率！

註 1：杜邦方程式
最早由美國杜邦公司使用的一種財務分析方式，可分析一家公司的 ROE 結構，公式為：ROE ＝稅後淨利率× 總資產周轉率 × 權益乘數。其中，稅後淨利率＝稅後淨利／營收；總資產周轉率＝營收／總資產；權益乘數＝總資產／股東權益。

NOTE

Chapter 3

選對買賣時機
讓獲利極大化

3-1 被動等待相對低點 投資勝率即可大幅提升

選出你預定想買的 A 級股清單之後，投資人最常問的問題通常是：「哪個時間可以買股票？要買多少？」或者是「哪個時候應該賣？要賣多少？」

在回答這個問題之前，先釐清一般投資人對買賣股票常有的一個迷思：以為投資賺錢的人都「預先知道」買賣股票的時間點！這個迷思真是難以點清，總是有人認為投資高手有「抓買賣點的祕密絕技」，而且不會把這些密技告訴其他人。實際上根本沒有人可以預知買賣點！我投入股市十多年來，至今仍然沒有辦法事先知道哪檔股票幾時會漲、幾時會跌。

那要怎麼決定買賣時機呢？我用的方式很簡單：「被動等待」。

不必買在最低、賣在最高，相對高低點進出就能獲利

網友 sam 大的部落格「TJ's Dad」（網址：tjdad.blogspot.tw），裡面

有一篇很棒的文章叫做「一個不曾在股市中虧過錢的人」。原文是約翰・特雷恩（John Train）的著作《The Craft of Investing》裡面的一個章節，sam 大將它翻譯出來。

這篇文章中的故事充分的說明了「被動等待」的投資方式，內容大意如下（sam 大已授權本書分享此文章，完整全文請到「TJ's Dad」閱讀）：

美國 1961 年代，一位營業員看到一個年輕的投資人總是投資虧錢，就介紹一位「從來不曾在股市中虧過錢」的投資老手給他認識。這個老先生剛賣出他全部的股票，並且大方的分享操作內容給年輕人。年輕人看了他的績效非常驚訝，他的整體投資組合獲利高達 50%，30 檔股票裡只有 1 檔虧光，但是其他股票則有漲 100%～500% 的獲利，足以補足虧損還有賺。

老先生解釋他的投資法，他告訴年輕人：每當股市空頭、報紙上出現預測未來股市會創下新低的時候，他就在標準普爾（Standard & Poor）的股票裡，找 30 檔便宜、獲利穩定、沒人聽過但是穩定發放股息的股票，投入 5 萬美元的投資部位（約等於 2015 年的新台幣 1,200 萬元），買進這「一大包」股票，然後耐心的持有，可能是 2 年、3 或 4 年。

等到股市高漲，新聞紛紛報導即將創下新高點的時候，他就賣出這「一大包」股票，獲利了結！整個操作邏輯就是這樣簡單！

老先生教年輕人，買股票就像種稻一樣，要有季節性；你不可能每天、每週、每月買股票都賺錢，但是只要在正確的季節播種，未來就能收割。同時，你也不可能買在最低點或者賣在最高點，但是你只要買在相對低點，就算對一些個股判斷錯誤也沒關係，因為買進成本相對低，所以你的損失有限。在相對低點買股票，不必因為股價下跌做停損的動作，而是要再度加碼。在相對高點賣股票，不必賣在最高點，因為不管是相對高點或是最高點你都會賺到錢！這樣就可以投資獲利。

這篇「一個不曾在股市中虧過錢的人」講的就是價值投資的交易模式：「被動等待相對低點！」你要等待 2 件事：大盤相對低點、個股相對低點。

大盤上漲時間多過下跌時間，但跌幅大過漲幅

相對低點怎麼找？每個人都知道股票一定是有漲有跌，但是大部分的人對股價的認知都鎖定在幾個月內的漲跌波動；如果我們用年度的觀點來看股市，結果會如何呢？

表 1 資料取自證交所網站，我整理了 9 年來的台股大盤指數資料。只要當年度收盤指數高過開盤指數，就定義為「上漲年」，反過來，就定義成「下跌年」。從 2008 年到 2016 年的資料看來，上漲年合計有 6 年，下跌年合計有 3 年。

其中 2008 年和 2009 年因為金融海嘯，以及之後的量化寬鬆政策，導致股市的漲跌幅度都非常驚人，所以這兩年的漲跌幅度算是特例。

如果不看這兩年的話，從 2010 ～ 2016 年這 7 年來，上漲年度有 5 年，下跌年度有 2 年，所以我們可以知道：「上漲年的次數多過下跌年的次數」。

雖然上漲年的次數多過下跌年的次數，但是下跌年的「跌幅」都遠遠超過上漲年的「漲幅」。我們可以看到表格資料顯示，下跌年的 2011 年跌了 1,967 點，2015 年跌了 904 點，跌幅分別是 -21.76% 和 -9.73%。而 2010 年和 2012 ～ 2014 年這些上漲年，漲幅則約 600 ～ 900 點，漲幅約 8% ～ 11% 左右，2016 年也是 11% 左右。

為什麼跌幅會大過漲幅？有一種說法是「利多總是逐漸醞釀、利空總是突然發生。」股市上漲的力道需要營收、財報獲利的成長消息推動，而這些都需要時間發酵；但股市下跌的情況是一種情緒上的恐慌，恐慌會讓人的判斷出錯，看到股價大跌，心就會慌張，因此跌幅才會又快又猛。

觀察近年大盤最低點，靠近低點時即可逢低布局

接著我們觀察 2010 ～ 2016 年的最低點，可以發現，除了 2014 年

表1

2010～2016年，台股上漲年多於下跌年
——台灣加權股價指數歷年統計

年度	定義	開盤指數（點）	年度最高（點）	年度最低（點）	收盤指數（點）
2008	**跌**	8,491	9,309	3,955	4,591
2009	**漲**	4,725	8,188	4,164	8,188
2010	**漲**	8,222	8,990	7,032	8,972
2011	**跌**	9,039	9,220	6,609	7,072
2012	**漲**	7,071	8,170	6,857	7,699
2013	**漲**	7,738	8,647	7,603	8,611
2014	**漲**	8,618	9,593	8,230	9,307
2015	**跌**	9,292	10,014	7,203	8,388
2016	**漲**	8,315	9,430	7,627	9,253

註：＊年度漲跌點數：當年底收盤指數－當年初開盤指數；＊年度漲跌幅：年度漲跌點數
　／年初開盤指數；＊年度高低點差距：年度高點－年度低點

的低點是 8,230 點，其他 5 年來不管是上漲年還是下跌年，低點幾乎都
在碰到 7,000 點～ 7,700 點左右：

2010 年碰到 7,032 點；

2011 年跌破 7,000 點，來到 6,609 點；

2012 年跌破 7,000 點，來到 6,857 點；

2013 年跌到 7,603 點；

*年度漲跌點數（點）	*年度漲跌幅（%）	*年度高低點差距（點）	年度收盤指數－年度最低點（點）
-3,900	-45.93	5,354	636
3,463	73.29	4,024	4,024
750	9.12	1,958	1,940
-1,967	-21.76	2,611	463
628	8.88	1,313	842
873	11.28	1,044	1,008
689	7.99	1,363	1,077
-904	-9.73	2,811	1,185
938	11.28	1,803	1,626

資料來源：證交所

2015 年最低掉到 7,203 點；

2016 年最低掉到 7,627 點。

所以你可以建立一個很簡單的買進策略：「接近 7,000 點的時候就準備買進！」這個 7,000 點也許是 7,700 點，或者是 7,500 點，又或者是 7,300 點，根據當時的情況自行調整。但是千萬不要一次買足！你可以一次建立 30% 或者 50% 的部位，之後分批買進。

也許有的人會覺得，大盤 7,000 多點還是很高啊？近年投資人有一個「等崩盤」迷思，這個迷思就是：「我等崩盤再來買股票，例如等大盤跌到 5,000 點或者 6,000 點再進場好了！」

如果你設定 5,000 點再買股票，那麼 2010 年以來你將完全沒有進場點。如果你設定的條件是 6,000 點再買股票，那麼 2013 年之後你仍然沒有進場點，因此你會錯過之後的所有上漲獲利。同時在這段時間，通貨膨脹會每年以 2% ～ 3% 的複利效果來侵蝕你的購買能力，到最後你會發現手上的錢愈來愈薄，能買的東西愈來愈少！

反過來想「何時不要買進」？買點應避開相對高點

另外一個常聽到的問題則是：「現在是 8,000、9,000 點，我知道股市漲高了，那還可以買股票嗎？」這個問題顯示投資朋友進步多了，起碼大家都清楚相對高點有風險。那我們把這幾年的高點資料抓出來比較一下：

一樣看 2008 ～ 2016 年這 9 個年度的最高點數據，你會發現這 9 年以來，竟然有 6 次碰到 9,000 點左右（包含 2010 年的 8,990 點）！難怪投資人老是認為股市在相對高點！

但是奇怪的是，每年有相對高點也有相對低點啊，怎麼相對高點想買股

票的人就增加了呢？更有另一種存股概念説：「反正沒辦法知道股市的高低點，所以就算 8,000 點、9,000 點也可以存股，只要買好公司，公司就會幫你賺錢！」聽起來有道理，但是我不完全認同，雖説好公司買在高點也能賺錢，但是我認為，在相對低點買入會更有勝算。

　　本書研究了 2006 ～ 2010 年這 5 年內有 3 年以上是 A 級的 88 間公司，我們來計算一下，這 88 檔個股樣本，分別在 2011 年用兩個相對高低點買進，持有時間 1 年，然後看賺錢的有幾家、虧錢的有幾家？

　　由於 2011 年是個下跌年，開盤是 9,039 點。2011 年 4 月 1 日大盤收盤為 8,705 點，我們可以把這個位置認定為相對高點。因為就一般投資人來説，會將這種 9,039 點下跌到 8,705 點的情況，視為回檔點而買入，因此用這個當計算基準很符合人性。

　　相對低點則設定在 2011 年 9 月 30 日，大盤收盤為 7,225 點，當大盤從年初高點跌入 7,225 點視為相對低點，而當年 12 月底收盤價為 7,072 點，因此這樣的計算基準也很符合常態。

　　表 2 是我整理出來的 88 間公司持有 1 年的報酬率，你可以看到，如果買在相對高點 8,705 點，持有 1 年後賺錢的家數只有 34 家、虧錢家數 54 家。我們假設你從 88 家公司裡面隨機挑出個股放 1 年，那麼挑中賺

表2 在相對低點買入股票,持有1年賺錢機率增1倍

——88家A級公司樣本不同買點獲利機率比較

2011年買進時間、點位		持有1年 賺錢家數	持有1年 虧錢家數	賺錢機率 (%)	虧錢機率 (%)
相對高點	04.01 大盤8,705點	34	54	38.6	61.4
相對低點	09.30 大盤7,225點	67	21	76.1	23.9

資料來源:證交所

錢的機率只有 38.6%,獲勝機率不到 4 成。

如果買在相對低點的 7,225 點,持有 1 年賺錢的家數則增加到 67 家,所以你挑到賺錢公司的機率提高到 76%,和買在相對高點不到 4 成的獲勝率相比,大幅提高近 1 倍!

選擇低點比研究個股更重要,耐心是獲利關鍵

如果你在相對高點進場,你要花非常多的心血,才可能挑到能賺錢的股票;如果你在相對低點進場,你就算不用太辛苦,也能挑到賺錢的股票。

因為在相對高點時,大盤高估的股票就變多了,你很難有安全邊際;但

是在相對低點時，有安全邊際的股票就變多了，柿子挑軟的吃，我當然選相對低點入場！

有一句話叫做「選擇比努力重要。」用在投資上，選擇相對低點比努力研究個股還重要！投資不是智商 160 打敗智商 130 的遊戲，耐心等待相對低點的良好性格，會是提升獲勝機率的最佳武器！

也許有人會問：「你怎麼知道幾時會出現相對低點？」我當然不知道「幾時」，我只知道「每年都會出現相對低點」，然後把這些資料記錄下來，這樣就能幫助我做好買進的決策，讓統計資料幫助我投資順利！

投資要成功，你就不能人云亦云，你要做和其他人不一樣的事情！不只是不一樣，還要做正確的事；要做正確的事，你就要能正確的運用邏輯和資料！

股神巴菲特（Warren Buffett）合夥人查理·蒙格（Charlie Munger）說過：「成功投資的關鍵因素之一就是擁有良好的性格，多數人不是按捺不住，就是擔心過度！有良好性格的人才能拿著現金在那邊什麼都不動，我能有今天，靠的是不去追逐平庸的投資機會。」這句話當真是被動等待相對低點的最佳註解！

3-2 股票下跌過程分批買 為資金保留安全邊際

經驗老到的投資人會問：「相對低點買股票是很好的策略，但如果遇到像 2008 年這種狀況怎麼辦？當年低點可是跌到 3,955 點啊！如果在 7,000 點買進，絕對會套牢啊！」這是個好問題，距離上次金融海嘯已經很多年了，難保景氣不會再度循環，也許 2017 年就崩盤，又或者 2018 年或是不知道多久之後就會再遇到一次大崩盤，這是絕對有可能發生的。

大部分的人畏懼崩盤的原因，主要是因為當股票大跌的時候，很多人是加碼加在半山腰，之後就沒有子彈了。緊接著市場出現更大的恐慌，使你的股票快速套牢，如果這時候同時出現經濟不景氣，那麼投資人很容易因為受不了帳面虧損而賣出持股，結果不但沒賺到錢，還大虧了不少。

大盤7字頭先投入50%資金，每跌千點再買10%

我們可以用一個非常簡單的策略來對抗這個問題：「分批買入持股」，

7,000 多點的時候買 50%，之後每隔 1,000 點買 10%。

表 1 是 2008 年的每月大盤交易資料，當年高點 9,310 點出現在 5 月，低點 3,955 點出現在 11 月。如果你使用「分批買入持股」策略，那會變成怎樣的情況呢？

1. 你的第 1 個買點很可能出現在 6 月，當月低點 7,466 點，我們假設 7,500 點買進可運用資金 50% 的持股。
2. 第 2 個買點出現在 9 月，買點 6,500 點，加碼 10%；
3. 第 3 個買點出現在 10 月，買點 5,500 點，加碼 10%；
4. 第 4 個買點出現在 11 月，買點 4,500 點，加碼 10%。

之後沒有再出現更低點 3,500 點，因此保留其餘資金 20%。隔年 2009 年，大盤最高碰到 8,188 點（2009 年 12 月 31 日），原先套牢的完全賺回來。

崩盤過程保留部分子彈，讓自己維持平穩的心理狀態

投資人可能會問：「最後保留那 20% 資金幾時投入？如果沒有投入，那資金運用效率不就沒辦法最佳化嗎？」說真的，這個「理智」的問題只有空手的人才會提出來。

每跌千點投入10%資金，2008年有4次進場機會
——台灣加權股價指數2008年每月統計

月份	定義	開盤指數（點）	當月最高（點）	當月最低（點）	收盤指數（點）	
1月	跌	8,491	8,546	7,384	7,521	
2月	漲	7,613	8,474	7,530	8,413	
3月	漲	8,214	9,049	7,900	8,573	
4月	漲	8,593	9,195	8,419	8,920	
5月	跌	8,998	9,310	8,548	8,619	
6月	跌	8,638	8,809	7,466	7,524	
7月	跌	7,529	7,569	6,708	7,024	
8月	漲	6,921	7,377	6,809	7,046	
9月	跌	6,967	6,967	5,530	5,719	
10月	跌	5,854	5,854	4,110	4,871	
11月	跌	4,926	5,096	3,955	4,460	
12月	漲	4,436	4,751	4,190	4,591	

註：＊當月漲跌點數：當月底收盤指數－當月初開盤指數；＊當月漲跌幅：當月漲跌點數／當月初開盤指數；
＊當月高低點差距：當月高點－當月低點

　　最後 20% 資金不投入也沒關係。很多投資人會犯的錯誤就是手上有錢就想一股腦兒想買股票，當持股滿檔的時候就怕股票下跌。當崩盤的時候，下跌的恐懼感會持續放大，如果這時候同時遇上不景氣，導致你的薪水不穩，被迫放無薪假等等，這時候你手頭上資金不夠，就可能會在低檔被迫賣出持股來維持生活。

*當月漲跌點數（點）	*當月漲跌幅（％）	*當月高低點差距（點）	當月收盤指數－當月最低點（點）
-970	-11.42	1,162	137
800	10.51	944	883
359	4.37	1,149	673
327	3.81	776	501
-379	-4.21	762	71
-1,114	-12.90	1,343	58
-505	-6.71	861	316
125	1.81	568	237
-1,248	-17.91	1,437	189
-983	-16.79	1,744	761
-466	-9.46	1,141	505
155	3.49	561	401

資料來源：證交所

　　如果你不想遇到這個情況，手頭上就要持續有緩衝資金，才能讓你的心情平穩，掌握獲利機會。真正的資金運用最佳化，不是在低點投入所有的資金，而是找到一個方式，能讓你在最平穩的心理狀況下做好投資，這是投資人本身在資金控管所做的安全邊際。這道理就如同一座可以承受 3 萬磅重量的橋梁，只讓 1 萬磅重的車子開過去即可！保留安全邊際，才能做

好投資上的情緒控管！

通貨膨脹是金錢的無形殺手，比股市崩盤更可怕

金融海嘯大崩盤當然是很可怕的事情，大跌之後伴隨著不景氣，兩者的威力加乘讓人們的情緒和資產都受到衝擊和傷害。尤其心理學上的研究顯示，當人遇到重大壓力和資金匱乏的時候，判斷力就會轉差，下決策時的智力可能會暫時下滑 10%，所以一文錢逼死英雄好漢這種事情才會發生。

但是比崩盤更可怕的是通貨膨脹，如果你遇到大崩盤，但手上現金充裕，代表著低檔買股票的好機會。更何況歷史上許多的崩盤發生之後，股市都上漲回來，2000 年的網路泡沫化、2003 年的 SARS 危機都讓股市一跌再跌，然而之後股市仍然上漲。2008 年金融海嘯大跌之後，幾年後股市仍然漲到 9,000 點。只要你持有的是 A 級好公司，你根本不用擔心太多。

通貨膨脹就不一樣了，通膨是溫水煮青蛙，一點一滴侵蝕你的購買力，而且它不具有任何投資機會，它不像崩盤會帶來低點買進的機會，也不像崩盤之後必定會出現反彈獲利的機會。通貨膨脹就像時間一去不復返，是冷血的無形殺手，而且沒帶給你任何好處，只會讓你的錢愈來愈薄。

對抗通膨的方式有 2 種：第 1 種是讓你本業賺錢的能力增加到超越通膨

的幅度；第 2 是買入 A 級股票，做出 A 級股投資組合，用這個投資組合的複利效果來對抗通膨。當然，最好的方法是雙管齊下，兩個都做！

平時勤加記錄，自然能看出大盤相對高低點

接著我們反過來想一件事情：「如果未來每年的低點都變成 8,000 點左右，低點愈墊愈高，該怎麼評估買進時機？」1980 年之前，美國道瓊工業指數頂多 1,000 點左右，2017 年已經突破 2 萬點了！指數愈漲愈高，低點也愈來愈高。其實，大盤指數的上漲也並非一路漲上去，而是經歷不同階段的盤整、下跌、上漲，這個過程當中沒有人會知道大盤將怎麼走，那麼投資人應該怎麼應對呢？

很簡單！持續記錄。你可以按照上一章的表格記錄方式（詳見 3-1 表1），持續將大盤高低點進行更新記錄，當低點愈墊愈高的時候，你自然會發現相對的高低點在哪裡，接著就能做出正確的判斷。　*身機就好！*

也許有人會想：想那麼多策略多麻煩，為什麼沒有一個簡單的公式可以套用來推測大盤的高低點？我可以告訴你：「根本沒這種公式！」

很多人在投資上犯的錯誤就是死腦筋，只想套公式或者死板的遵守一套僵化的 SOP，而不肯思考如何針對眼前的狀況自己下決策。

我要強調一個重點:「股市的漲跌時間和幅度沒人能知道！」這些是屬於未來的事情,根本沒人能預知高低點。你也沒有必要去預測未來大盤的高低點,你要做的是做好每一個投資決策,讓自己走對下一步。做好決策的關鍵就是分清楚「你知道」的事情和「你不知道」的事情。舉例來說,當你有了上述大盤高低點的表格資料之後:

你知道:股市有漲有跌,漲的年度多過跌的年度,漲的幅度小過跌的幅度。
你不知道:股票幾時會漲,幾時會跌,也不知道會漲多少,會跌多少。

用價值投資的觀點來看待大盤漲跌,就是:「漲的時候高估的股票會變多,跌的時候低估的股票會變多。」如果能在大盤相對低點買入被低估的股票,你就能降低成本,提高報酬。

接著你會知道,投資真正的風險不是「股票下跌」,而是「判斷錯誤」,如果你買在大盤的相對高點,你的成本就會很高,股票下跌的機率就會增加。同時,如果你的投資標的是 C 級以下的公司,當出現崩盤的時候,你就有可能質疑自己的判斷,最後因為受不了帳面損失而飽受心理壓力,無論如何要避免這種情況發生才行!

對投資人來說,獨立思考是最重要的能力,而分析能力是獨立思考的基礎,善用統計數據,能讓你增加思考上的優勢、降低投資上的風險!

(3-3) 運用高登報酬率 挑股價、股利雙漲公司

　　了解大盤相對低點買入股票的重要性之後，那麼假設現在已經到低點了，你手上有一堆 A 級股名單，要如何從中選出能讓你未來獲利最好的標的呢？我們有 2 個思考方向：

1. 找能讓投資人報酬率最高的：觀察重點是殖利率和保留盈餘成長率。
2. 找安全邊際最大的：觀察歷史本益比低點。

　　接著我們來探討這兩點的實際運用法則：

現金股利配發率愈高，公司獲利成長可能降低

　　講到長期投資的報酬率，傳統存股投資人會認為：「公司發愈多的現金股利（股息）愈好！投資人領的現金股利多，報酬率不是愈好嗎？如果一間公司不把賺到的錢發出來，就是小氣的老闆！」

這種想法真的是對的嗎？我們舉例 A、B 兩間公司，它們的每股稅後盈餘（EPS）都是 4 元，但是現金股利政策不一樣：

A 公司：只發 1 元現金股利，保留 3 元，所以現金股利發放率（又稱為配息率）是 25%（算式：現金股利 1 元／ EPS 4 元＝ 25%）。

B 公司：發 3 元現金股利，保留 1 元，所以現金股利發放率是 75%（算式：現金股利 3 元／ EPS 4 元＝ 75%）。

A、B 兩間公司一起比較，可以看到 A 公司的現金股利發放率較低、B 公司較高，所以投資人應該比較喜歡 B 公司。現在問題來了，我們假設這兩間公司老闆經營能力不相上下，並且都是為股東的權益著想、努力工作的老闆！在不計算外在環境景氣變化的情況下，那麼哪一間公司明年的 EPS 會成長？

答案是 A 公司，因為它的保留盈餘比較多，因此有足夠的資金去擴廠增加設備，創造更多未來的獲利！

投資人要知道，如果一間公司有足夠的能力成長，那麼為長期投資人著想的老闆，應該要設法讓保留盈餘持續成長，所以，現金發多發少不是最重要的事，因為當未來的 EPS 持續成長之後，未來的現金股利自然也會變更多，這時候長期持有的投資人將會獲得股息成長和股價上漲兩種獲利！

很多投資人很矛盾，希望公司現金發多一點，又希望公司能獲利成長，但是魚與熊掌不可兼得，你不能期望公司把獲利都發出來，之後還希望公司能獲利成長。

公司是否善用「沒分給股東的錢」，觀察保留盈餘成長率

我們在前面提過成長股之父菲利普‧費雪（Philip Fisher）對現金股利的看法（詳見2-7第111頁），然而整體來說，費雪認為現金股利的重要度，比不上「保留盈餘成長率」重要；過度強調發放現金股利，反倒會阻礙公司的成長，甚至可能讓公司失去重要的擴廠投資機會。

真正的好公司在制定現金股利政策的時候，會同時考量到股東的收益和公司未來的成長，有規畫的公司就會有穩定的現金股利發放率，而公司的經營成果指標要用「保留盈餘成長率」來檢查！計算保留盈餘成長率的公式如下：

保留盈餘成長率＝股東權益報酬率 ROE×（1－現金股利發放率）

講得簡單一點，EPS 可以分成兩個部分，發給股東的叫做「現金股利」，沒發給股東的叫做「保留盈餘」。你要看公司有沒有亂用「沒分給股東的錢」？就是要看保留盈餘成長率！

保留盈餘成長率愈高，表示公司獲利再投資的能力很強，所以公司長期股東未來的報酬率當然很高！一間內在價值會持續成長的公司，它的保留盈餘成長率一定會大過現金股利殖利率！

波克夏公司不發現金股利，保留盈餘成長率＝ROE

例如，股神巴菲特（Warren Buffett）的波克夏·海瑟威公司（Berkshire Hathaway）沒有發任何的現金股利，發放率為零。而波克夏集團的獲利都交給巴菲特做「獲利再投資」，所以波克夏的股東可以享有的獲利，就是巴菲特資本配置的成果，這時候保留盈餘成長率就會等於 ROE：

保留盈餘成長率＝ ROE×（1 －現金股利發放率）

當現金股利發放率＝0，保留盈餘成長率＝ ROE×（1 － 0）＝ ROE

而波克夏 2015 年年報上揭露的淨值成長率，從 1965 年到 2015 年長達 51 年來，有年化 19.2% 的成長率，以投資成果看來，當波克夏的股東是超級幸福的！

台積電保留盈餘成長率高，獲利、現金股利也年年提高

不過波克夏的案例是少數，甚至是絕無僅有；我們來看看規模較小的台股，有沒有保留盈餘成長率大過現金股利殖利率的例子？其實台股權值最大的台積電（2330）就符合這個狀況。

台積電保留盈餘成長率高於現金股利殖利率
──台積電（2330）保留盈餘成長率、現金股利殖利率

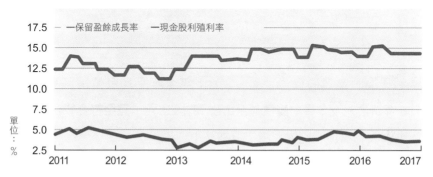

註：保留盈餘成長率採用 2 年平均數值，計算方式為「近 2 年平均 ROE×（1－近 2 年平均現金股利發放率）」；現金股利殖利率採用「近 2 年平均現金股利殖利率」（股價採當月的月均價計算）；資料期間 2011.01 ～ 2017.01
資料來源：雷浩斯價值投資網

台積電從 2006 年到 2013 年，現金股利都是穩定的 3 元，符合「穩定股利政策」這個條件，當時台積電的投資人幾乎不用想太多，你很清楚能領 3 元現金股利就對了。

接著我們來分別觀察台積電 2011 ～ 2016 年的現金股利殖利率和保留盈餘成長率，現金股利殖利率通常在 3% ～ 4% 左右，保留盈餘成長率則是在 12% ～ 15% 之間，保留盈餘成長率大過現金股利殖利率（詳見圖 1）。

　　因為保留盈餘成長率運用得不錯，所以台積電後續的獲利一直提高（詳見圖2），當然現金股利也愈發愈多，2014年現金股利是4.5元，2015年是6元，2016年提高到7元（本書截稿前由台積電董事會宣布之數據）。

　　獲利提高，當然股價也上漲，2011年全年平均股價是72元，到了2016年10月25日，股價甚至上漲到193元，完全符合我們先前提到的「現金股利增加，股價上漲」這兩點！

圖2 2014年起，台積電現金股利開始增加
——台積電（2330）現金股利發放率、現金股利

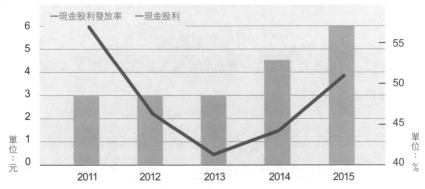

註：各年度為股利所屬年度；現金股利發放率計算方式為「現金股利／當年EPS」
資料來源：公開資訊觀測站

在著名的《勝券在握》這本書裡面，巴菲特說：「公司保留 1 美元，要能夠創造 1 美元的市值！」這句話就是在說明優秀的「保留盈餘成長率」所帶來的投資成果。

高登公式結合股利和保留盈餘，可衡量長期總報酬

從前面台積電的案例可以知道，長期投資人可以得到的總報酬率就是「現金股利殖利率」加上「保留盈餘成長率」，這兩個加起來就是我在前兩本書都有提到的「高登公式」，我們可以說，高登公式所顯示的報酬率，就是長期投資人持有這檔股票的總報酬率！

高登公式的數字都是計算「隔年未來值」，為了讓過去歷史資料可以回測，並且讓讀者可以實際應用，所以我設定了 2 年平均版本的高登公式報酬率（以下簡稱「高登報酬率」，本書所提到個股的高登報酬率數值，皆採取 2 年平均版本的公式計算），公式如下：

2 年平均殖利率

2 年平均高登報酬率＝近 2 年平均現金股利殖利率＋

近 2 年平均 ROE×（1－近 2 年平均現金股利發放率）

2 年平均保留盈餘成長率

20家A級公司高登報酬率多高於10%

——20檔「領先組」2011～2015年高登報酬率統計

高登報酬率範圍	2011年12月	2012年12月	2013年12月	2014年12月	2015年12月
高登報酬率≧15%	11	9	4	6	5
15%＞高登報酬率≧10%	8	5	9	6	11
高登報酬率＜10%	1	6	7	8	4

註：高登報酬率為 2 年平均數值　　資料來源：雷浩斯價值投資網

　　有了這個公式以後，我們來統計一下本書 2-2 提到的 20 家 A 級公司（領先組）的高登報酬率，看看分布在哪個區間！

　　從表 1 可以看到，20 家 A 級公司的 2015 年高登報酬率大於 15% 的有 5 家，介於 10% 到 15% 的有 11 家，另外 4 家未達 10%。

配發股票股利、股價過高，會導致高登報酬率低落

　　一間公司的獲利能力如果不錯，但高登報酬率卻呈現不到 10% 的偏低水準，大多是 2 個原因：

　　1. 公司習慣配發股票股利：公司本身經營績效不錯，但是有發股票股利的話，會導致公司股本膨脹，連帶使得股東權益變多，那麼高登報酬率就

研華股價漲高，拉低殖利率與高登報酬率

——研華（2395）高登報酬率、股利殖利率、保留盈餘成長率、股價

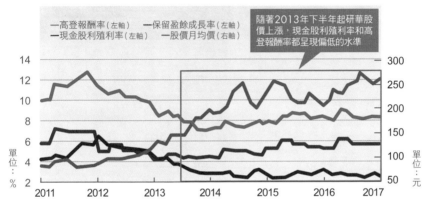

註：高登報酬率、現金股利殖利率、保留盈餘成長率皆為 2 年平均數值；資料期間
　　2011.01 ～ 2017.01
資料來源：雷浩斯價值投資網

會比較差。例如寶雅（5904）在 2011 到 2015 年的高登報酬率都低於
10%，豐泰（9910）於 2011 年到 2014 年高登報酬率也低於 10%，
原因就在於發出股票股利。

　　2. 股價太貴、本益比偏高：另一個原因是如果公司股價太貴，高登公
式中的殖利率就會很低，拖累整體的高登報酬率。例如研華（2395）自
2013 年下半年到 2015 年的股價漲高，最低本益比多在 20 倍以上，殖

20檔A級領先組中，2015年有13間G＞Y

——20檔「領先組」2015年現金股利殖利率、保留盈餘成長率關係

現金股利殖利率Y與 保留盈餘成長率G關係	家數	個股
G＞Y G上升或持平	**13**	台積電（2330）、大立光（3008）、 可　成（2474）、川　湖（2059）、 精　華（1565）、豐　泰（9910）、 皇　田（9951）、鼎　翰（3611）、 耕　興（6146）、寶　雅（5904）、 研　華（2395）、儒　鴻（1476）、 新　麥（1580）
G＞Y，G下滑	1	佳　格（1227）
G＜Y	6	廣　隆（1537）、聯　　詠（3034）、 崑　鼎（6803）、中聯資源（9930）、 鑫永銓（2114）、伸　　興（1558）

註：1.高登報酬率、現金股利殖利率、保留盈餘成長率皆為2年平均數值；2.上升、持平、下滑指
2011年到2015年的保留盈餘成長率走勢
資料來源：雷浩斯價值投資網

利率也會被拉低，導致高登報酬率低落（詳見圖3）。

保留盈餘成長率＞現金股利殖利率，才具備獲利成長力道

　　接著我們再把高登公式分成現金股利殖利率、保留盈餘成長率來觀察，統計結果：高登公式期望的要求是「保留盈餘成長率＞現金股利殖利率」，這樣才有足夠的成長力道，我們可以看到20間A級公司裡面有13間達

到這個要求（詳見表 2）。此外，有 1 間公司雖然保留盈餘成長率＞現金股利殖利率，但是保留盈餘成長率的數字開始下滑，最後有 6 間公司的現金股利殖利率＞保留盈餘成長率。

　　以這樣的數據來看未來的投資組合，我會優先保留「保留盈餘成長率＞現金股利殖利率，且保留盈餘成長率上升或持平」的 13 檔個股，其他 7 檔先納入觀察；並且設法找出其他更多「保留盈餘成長率＞現金股利殖利率」的 A 級股，當作備用的投資標的。

賣降級公司前檢查3數據
避免錯殺股票

　　高登公式還有一個功能，就是幫助投資人判斷是否會「錯殺股票」！

　　矩陣存股法在個股降級到 C 級的時候，可以選擇賣出停損，是一種基本面停損法則。但是很多投資人會擔心：「我會不會錯殺股票？如果賣掉之後公司基本面好轉，並且漲回來怎麼辦？」

　　好問題！那我們來看看本書 2-2 所列出 10 間落後組公司的高登公式報酬率（以下簡稱高登報酬率）數字。從表 1 可以看到，落後組的高登報酬率數字真是慘不忍睹，幾乎大多數都小於 10%，甚至還有小於 5% 的數字出現。

　　看到這種數字，投資人其實不必對該公司有什麼投資期望了，以這種數字來看，股票市場有更多更好的其他公司任你選擇，不必執著於一檔個股上，白白浪費時間和金錢。

表1 10檔落後組公司平均高登報酬率多小於10%
——10檔「落後組」2011～2015年高登報酬率統計

高登報酬率範圍	2011年12月	2012年12月	2013年12月	2014年12月	2015年12月
高登報酬率≧10%	4	1	0	0	1
10%＞高登報酬率≧5%	5	5	4	5	4
高登報酬率＜5%	1	4	6	5	5

註：高登報酬率為 2 年平均數值　　資料來源：雷浩斯價值投資網

為了讓投資人更了解高登公式的應用，我們針對以下 4 種類型的公司做高登公式分析：

1. 持續 A 級的成長股。
2. 穩定成熟的內需型定存股。
3. 可能降級之前的警示股。
4. 獲利衰退之後無法回升的降級股。

1.持續A級的成長股》
高登報酬率＞15%，保留盈餘成長率＞現金股利殖利率

只要是 A 級公司，加上高登報酬率數字卓越，那麼買入都會有不錯的報

酬率。過去我經常波段操作大立光（3008），在低點時買入的高登報酬率可以說是高得相當驚人！若只看 2015 年到 2017 年 1 月，2 年平均高登報酬率高達 30%。

　　進一步分析大立光的高登報酬率結構，很明顯的，保留盈餘成長率＞現金股利殖利率（詳見圖 1）。可以看到，大立光現金股利殖利率偏低，2011 年以來幾乎都在 4% 以下，根據 2017 年 1 月的數據，2 年平均殖利率甚至不到 2%；然而 2 年平均保留盈餘成長率高達 27%，此數字在台股是絕無僅有！

 大立光保留盈餘成長率大幅高於現金股利殖利率
──大立光（3008）高登報酬率、保留盈餘成長率、現金股利殖利率

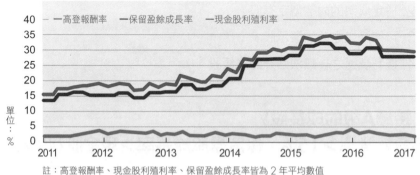

註：高登報酬率、現金股利殖利率、保留盈餘成長率皆為 2 年平均數值
資料來源：雷洁斯價值投資網

換句話說，買進大立光的投資人，雖然無法享有高現金股利，卻因為超高的保留盈餘成長率，參與了大立光的獲利成長，獲得股價節節高漲的優異報酬。

2.穩定成熟的內需型定存股》
高登報酬率穩定，保留盈餘成長率＜現金股利殖利率

中華電（2412）的 2011 年到 2015 年獲利能力矩陣等級都在 B2 級，截至 2016 年第 3 季的近 4 季獲利能力矩陣等級也是 B2 級。

我們再複習一下，B2 等級是股東權益報酬率（ROE）介於 10%～15% 之間、自由現金流為正值的股票。通常，獲利能力矩陣屬於 B2 級、並且能夠穩定維持其等級的，都是內需民生類型的股票。這種公司雖然不是 A 級股，但它卻是很好的穩定存股標的，你甚至可以拿它代替債券型基金。

但是你沒必要期待它的獲利能持續成長，這類公司的保留盈餘成長率幾乎是零，而現金股利殖利率幾乎等於高登報酬率，所以投資人長期投資的報酬率就會等於殖利率。

以中華電為例，2015 年到 2017 年 1 月，2 年平均保留盈餘成長率為

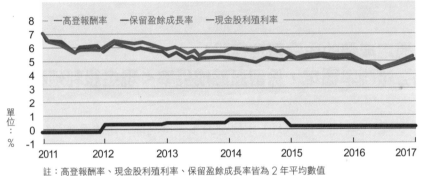

圖2 **中華電的現金股利殖利率幾乎等於高登報酬率**
——中華電（2412）高登報酬率、保留盈餘成長率、現金股利殖利率

註：高登報酬率、現金股利殖利率、保留盈餘成長率皆為 2 年平均數值
資料來源：雷浩斯價值投資網

0.17% 左右，2 年平均殖利率則為 5% 上下（詳見圖 2）。其他內需型公司如中華食（4205）、大統益（1232）、崑鼎（6803）都有相似的高登報酬率結構。

3.可能降級之前的警示股》
保留盈餘成長率＜現金股利殖利率，且持續下滑

德律（3030）從 2011 年到 2015 年都是 A 級公司，但是在 2016 年時開始表現不佳，2016 年第 1、2、3 季的近 4 季獲利矩陣等級都降

德律於2013年起保留盈餘成長率低於股利殖利率

——德律（3030）高登報酬率、保留盈餘成長率、現金股利殖利率

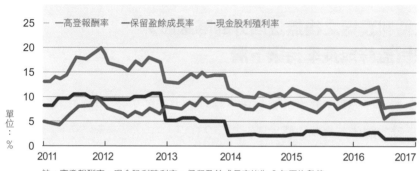

註：高登報酬率、現金股利殖利率、保留盈餘成長率皆為 2 年平均數值
資料來源：雷浩斯價值投資網

到 B2 級。

　　我們來看德律的高登報酬率組成狀況，從圖 3 可以看到，德律在 2012 年的時候，2 年平均保留盈餘成長率驟減，2013 年時保留盈餘成長率就開始低於 2 年平均殖利率，只剩下 5% 多，到了 2014 年之後更只剩下 2%，2016 年只剩下 1.73%。

　　運用保留盈餘的能力轉差，同時德律於 2016 年爆出技術人員出走成立新公司並且搶單的消息，讓人警覺到這個事件嚴重影響公司競爭力。雖然

德律不見得會因此變成地雷股，但是經營績效不如以往也是事實。除非營運有明顯轉好，否則站在投資效率的角度，應選擇其他投資標的為宜。

4.獲利衰退之後無法回升的降級股》 保留盈餘成長率持續下滑

還有一種公司，獲利衰退之後，獲利能力矩陣下降，且短期難以看到等級回升的跡象。合成橡膠大廠台橡（2103）在 2007 到 2012 年這 6 年當中，除了 2011 年是 B1 等級，其餘 5 年都是 A 等級。2013 年台橡降

台橡2015～2016年保留盈餘成長率變成負值
——台橡（2103）高登報酬率、保留盈餘成長率、現金股利殖利率

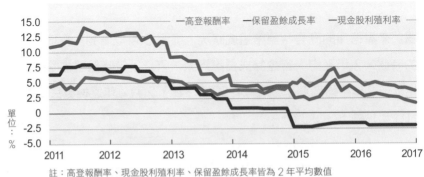

註：高登報酬率、現金股利殖利率、保留盈餘成長率皆為 2 年平均數值
資料來源：雷浩斯價值投資網

級到 C 級，且到 2015 年都沒有回升。

我們來看看台橡的高登報酬率分析（詳見圖 4），可以看到它的保留盈餘成長率一直下滑，2015 年～ 2016 年甚至變成負值。

有些投資人可能會覺得它的現金股利殖利率還不錯，畢竟 2015 ～ 2016 年都還有 4% 左右。只不過，當公司的獲利一直下滑，股價也會下滑得很嚴重，如此一來就算有現金股利收益，也無法彌補股價下跌的損失，這就是所謂的賺了股息，賠了價差！

由於台橡也是明顯的景氣循環股，要等它回升到往年的水準，恐怕還需要等上一大段時間；遇到這類狀況，就沒必要持續賭下去，不如把資金抽回，放到其他報酬率更好的股票。

我們總結所有高登報酬率運用方式，可以歸納出以下重點：

1. 買入 A 級股時，高登報酬率要大於 10%，甚至最好能超過 15%，並且 2 年平均保留盈餘成長率 > 2 年平均殖利率。
2. 如果高登報酬率不到 10%，是因為發放股票股利的影響，那麼只要 2 年平均保留盈餘成長率 > 2 年平均殖利率，就不用太擔心。如果原因是公司本益比太高（例如研華），那就等本益比低的時候再買入。

3. 高登報酬率的 2 年平均保留盈餘成長率持續下滑，代表降級股沒辦法回升，這時候不用擔心錯殺，就先避開它吧！

高登公式受到許多投資大師的認可和使用，例如著名的基金經理人彼得·林區（Peter Lynch）和低調的投資大師約翰·聶夫（John Neff），在評估公司價值的時候都會計算高登報酬率。而著名財經作家威廉·伯恩斯坦（William J. Bernstein）在他知名的著作《投資金律》裡面直接說：「高登公式具備一種直觀的美感。」從本文的案例實證看來，我認為沒人能說得比他更好！

善用本益比
找出股價被低估的超值股

什麼叫做本益比？本益比就是股價（Price）和每股稅後盈餘（EPS）的比值，簡稱「PE」。本益比是一種「估價」指標，它的功能是用來衡量股價正處於被高估還是被低估的相對程度。

一檔個股的股價總是有起有落，每年都會有一段時間上漲或者下跌，如果把一年內最高的股價對上當年度的 EPS，就可以得到一年「最高本益比」；同樣的，把一年內最低的股價對上當年度的 EPS，就可以得到「最低本益比」。最高本益比和最低本益比，可以當作市場對一檔股票的歷史評價區間。

通常投資人會把「最低本益比」當成買點，這一點理論上很正確，但是實際執行時要考慮到一件事情：最低本益比既然是股價最低點，那麼出現的次數就不會太多，甚至一年只可能出現一天。要能剛好買到股價在最低本益比時不大容易，比較容易買到的價位，應是全年的年均股價。

所以我們把每年的最高股價、年均股價、最低股價這 3 種價格,分別除以 EPS,就可以得到 3 種本益比,如下:

> 最高本益比＝最高價／年度 EPS
>
> 年均本益比＝年均價／年度 EPS
>
> 最低本益比＝最低價／年度 EPS

即使是好公司,股價也有被低估的時候

我們拿台積電(2330)當範例,來看一下台積電 2011 ～ 2015 年的歷史本益比區間(詳見表 1)。可以看到,台積電這 5 年來的 EPS 持續提升,所以股價也持續上揚。5 年來的最高股價不斷突破高點,最低股價也愈墊愈高;所以想買台積電的投資人總是會覺得股價很貴,這也是事實。

當我們轉換觀點,從看股價變成看本益比,這時候就會發現,其實台積電最高本益比在 5 年來持續下滑,2011 年最高本益比是 15.1 倍,最低本益比是 12 倍;2015 年最高本益比是 13.1 倍,最低本益比是 9.5 倍。從本益比的觀點來看,其實台積電是愈來愈便宜了。

也許有人會想,「台積電是大型權值股,股本高達 2,593 億元,這種

台積電EPS、股價逐年增高，本益比反而下降
——台積電（2330）2011～2015年本益比區間

評估指標	2011	2012	2013	2014	2015
EPS（元）	5.18	6.42	7.26	10.18	11.82
最高股價（元）	78.3	99.4	116.5	142.0	155.0
年均股價（元）	72.1	84.1	104.1	122.5	139.8
最低股價（元）	62.2	73.8	92.9	100.5	112.5
最高本益比（倍）	15.1	15.5	16.0	13.9	13.1
年均本益比（倍）	13.9	13.1	14.3	12.0	11.8
最低本益比（倍）	12.0	11.5	12.8	9.9	9.5

註：年均股價為當年所有交易日股價平均值；2012年EPS取自台積電2013年財報
資料來源：證交所、公開資訊觀測站

高股本的公司當然不容易上漲，本益比才會相對低。矩陣存股法要分散持有A級股，但又不是只買台積電一間公司，而其他A級公司都是好公司，本益比都很高，如果要買進好幾檔A級股，肯定不划算！」

真的是這樣嗎？我們把本書2-2所列舉出的20檔A級股（領先組）2011～2015年的年均本益比和最低本益比都拿出來比較。這裡要說明，一般在市場上，普遍認為股價在本益比15倍是合理基準，所以我們用「本益比≧15倍」當作「相對高估」標準，「本益比＜15倍」當作「相對低估」標準。

先看表 2 的年均本益比統計資料，這 20 檔 A 級股的年均本益比，2011 年時小於 15 倍的有 17 家，大於等於 15 倍的僅有 3 家；2015 年時小於 15 倍的有 6 家，大於等於 15 倍的有 14 家。

接著我們改看表 3 的最低本益比統計結果。20 檔 A 級股的最低本益比，2011 年時小於 15 倍的有 19 家，大於等於 15 倍的有 1 家；2015 年時小於 15 倍的有 14 家，大於等於 15 倍的有 6 家。

20檔A級股2011年時僅3檔年均本益比大於15倍

——20檔「領先組」2011～2015年年均本益比統計

年均本益比範圍	2011	2012	2013	2014	2015
年均本益比＜15倍	17	16	11	7	6
年均本益比≧15倍	3	4	9	13	14

註：上表單位為家數

20檔A級股5年來最低本益比多小於15倍

——20檔「領先組」2011～2015年最低本益比統計

年均本益比範圍	2011	2012	2013	2014	2015
最低本益比＜15倍	19	18	18	13	14
最低本益比≧15倍	1	2	2	7	6

註：上表單位為家數

以上兩個統計結果告訴我們兩個重點：

1.A 級股也有被低估的時候，例如在 2011 ～ 2012 年時，年均本益比和最低本益比小於 15 倍的家數都明顯較多。

2. 被低估的 A 級股最終會上漲，到了 2015 年股價較便宜的股票就變少了。但是即使在 2015 年，也有超過半數的 A 級股跌到最低本益比 15 倍以下的位置。　*起起伏伏？*

最合適的買進位置：平均本益比之下、最低本益比之上

有人會想，反正好公司都很貴，就不用管太多，直接買就對了！如果抱著這種心態的人，恐怕會常常買在相對高價，我實在不鼓勵這種心態。另一種人則是說：那我改用定期定額的方式買好公司好了，每月買零股就可以平均成本！平均成本雖然比較好一點，但是如果可以，盡量買在相對低點還是最好的。

如果不相信買進成本對報酬率的影響，我們把 20 檔 A 級股分別用 2011 年度最高價、年均價和最低價來當作買進成本，共以 100 萬元平均買進，來看看持有 5 年後的績效差別（含股票股利與現金股利）。

2011 年是個由高點往下跌的下跌年度，用來測試 5 年後的績效是很有

說服力的樣本。從表 4 可以看到，由 20 檔 A 級股組成的投資組合，就算買在最高價，放了 5 年之後也有年化 25.63% 的報酬率，相當不錯，在股價相對高點買好公司股票，一樣可以賺到錢！但是如果買在年均價，年化報酬率就能提高到 31.66%；能買在最低價，年化報酬率會提高到 37.59%。

說白話一點，就是你在 2011 年以各檔股票的年度最高價當作買進成本，5 年之後，投資本金 100 萬元變成 312.89 萬元；但用最低價買進，100 萬元會變成 493.01 萬元，兩者相差 180.12 萬元！簡單的說，成本墊高讓你少賺了 180.12 萬元。

當然，買在最低點是可遇不可求的事情，但我們還是要務實的降低買進

表4 不同價位買進領先組組合，累積獲利相差180萬元
——20檔「領先組」2011年以不同價位買進的5年績效

買入價位	期初（萬元）	期末（萬元）	累積報酬率（%）	年化報酬率（%）
2011年最高價	100	312.89	212.89	**25.63**
2011年年均價	100	395.64	295.64	**31.66**
2011年最低價	100	493.01	393.01	**37.59**

註：報酬率已計入股票股利與現金股利　　資料來源：證交所

成本。所以買進目標可以訂得比較實際一點，你只要買在「平均本益比之下，最低本益比之上」這個區間帶，會是一個相對有效的方式。

　　以上介紹的概念是以全年度本益比來計算歷史本益比區間，可以讓我們知道股市對一間公司的評價。可是年度本益比有個缺點，就是財報公告的時間點落差！為了讓本益比的評估更有效率，用以下 2 個實用工具來計算本益比，可幫助你在判斷股價時更加即時：

實用工具1》當季本益比
用當季資料取代年度數據，降低時間落差

　　一般年報的公告時間都在隔年的 3 月底之前，所以投資人在 4 月初一定都能看到上一年度的財報。但當我們在 4 月看到上一年度的 EPS 時，再回頭去看上一年度的歷史本益比高低點，時間上就會來不及！

　　為了更有效率一點，我們可以使用「近 4 季 EPS」（最近 4 季的單季 EPS 相加），以及當季最高及最低股價，來找出當季本益比的區間：

當季最高本益比＝當季最高股價／近 4 季 EPS

當季最低本益比＝當季最低股價／近 4 季 EPS

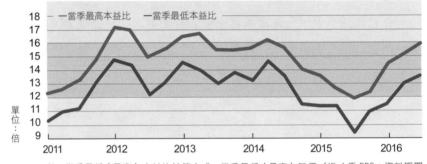

圖1 台積電當季本益比大多落在12～16倍之間
——台積電（2330）當季最高、最低本益比

註：當季最低（最高）本益比計算方式：當季最低（最高）股價／近4季EPS；資料期間
2011.Q1～2016.Q3
資料來源：雷浩斯價值投資網

雖然「近4季EPS」也會有財報落後公告的問題，但至少落後的程度
比年度資料小。而且我們可以把每一季的最高本益比和最低本益比連接起
來，就可以清楚看到一條高低點區間帶。

範例》從當季本益比區間找台積電買進價位

以台積電為例（詳見圖1），從2011年到2016年第3季，台積電
的本益比區間多在12倍到16倍之間。

像是2015年4月初可以看到台積電2014年的EPS為10.18元、以

／**台積電2015、2016年5月都出現買進好時機**
——台積電（2330）股價日線走勢圖

2015及2016年5月中旬，以當年第1季近4季EPS與當季高低本益比區間計算，買進價區間分別為136～148元、135元～163元，當時台積電股價正好都有買進機會

註：資料期間 2011.01.03 ～ 2017.02.20　　資料來源：XQ 全球贏家

及 2014 年第 4 季的最低與最高本益比為 11.59 ～ 13.95 倍。

如果想買在本益比 12 ～ 13 倍，那麼可以設定 122 元～ 132 元當作買進價，只是當時台積電股價都還在 140 元左右。

2015 年 5 月中旬，當年第 1 季財報出爐，可看到台積電的近 4 季 EPS 提高到 11.39 元，當季最低與最高本益比區間是 11.41 ～ 13.61 倍。如果想以本益比 12 ～ 13 倍買進，買進價則可以設定在 136 ～ 148 元；

而 5 月中旬一直到第 2 季財報公布的 8 月中旬，台積電股價正好都處在適合買進的區間（詳見圖 2）。

同樣在 2016 年 5 月中旬看到當年第 1 季財報，台積電近 4 季 EPS 為 11.28 元，當季最低與最高本益比區間是 11.57 ～ 14.45 倍，若設定於 12 倍～ 14 倍本益比進場，那麼適合買進價約為 135 元～ 163 元。而 2016 年 5 月中旬到 6 月底，也都有可以買進的機會。

實用工具2》月均價本益比
快速看出本益比區間位置，更具時效性

除了從個股歷史最低與最高本益比區間，觀察市場給予個股的評價位置，我們也可以從「月均價本益比」快速看到個股過去一段時間的本益比位置，月均價本益比可以代替「年均價本益比」，而且更有時效性！計算方式為：

月均價本益比＝當月均價／近 4 季 EPS

圖 3 是台積電的歷史月均價本益比走勢圖，可以清楚看到 2011 年到 2017 年 1 月，台積電月均價本益比大多都在 12 倍到 15 倍之間（月均價本益比的查詢方法詳見第 183 頁）。

台積電月均價本益比多在12到15倍之間
──台積電（2330）月均價本益比、股價月均價

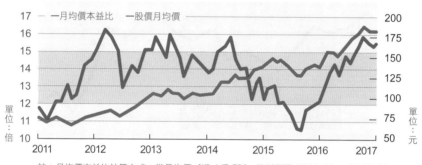

註：月均價本益比計算方式：當月均價／近 4 季 EPS；資料期間 2011.01 ～ 2017.01
資料來源：財報狗網站

在高本益比價位買進，就算買好公司股票也可能虧損

有了以上介紹的工具之後，我們就可以知道一間公司的本益比評價狀況，我們也發現，有些好公司的歷史本益比一直都很高。晶華（2707）就是標準的例子，圖 4 可以看到，晶華的「當季最低本益比」從 2011 年到 2014 年底，最低的數字是 27.72 倍，這實在太高了！用這樣高的本益比當買進成本，就算持有在相對低檔並且領股息 2、3 年，報酬率都會很差。在我統計的樣本中，這是少數買入 A 級股沒賺錢的案例，原因就是買進本益比太高了！

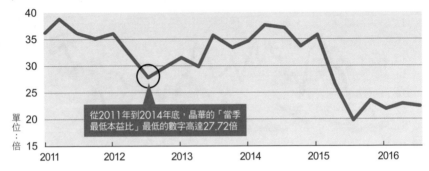

圖4 2011～2014年晶華當季最低本益比達27倍以上
——晶華（2707）當季最低本益比

從2011年到2014年底，晶華的「當季最低本益比」最低的數字高達27.72倍

單位：倍

註：當季最低本益比計算方式：當季最低股價／近4季EPS；資料期間 2011.Q1～2016.Q3
資料來源：雷浩斯價值投資網

　　要知道，即使是績優的 A 級股，一直保持著差不多的獲利水平，我們也不宜買在過高的本益比，只要市場不再願意給予這麼高的本益比，就會導致股價大幅下滑。未來的股價可能損失程度，再加上偏低的殖利率，這都不是長期投資人所樂見的。

　　晶華在 2014 年 Q3 的近 4 季 EPS 是 8.63 元，2016 年 Q1 的近 4 季 EPS 則是 8.62 元，相差無幾，然而這段期間晶華的股價卻從 270 元左右滑落到 200 元之下（詳見圖 5），可以明顯看出市場給的本益比下降（從 30 多倍下降到 20 多倍，詳見圖 4）。

圖5 ／ **晶華股價原本逾300元，2016年跌破200元**
——晶華（2707）股價日線走勢圖

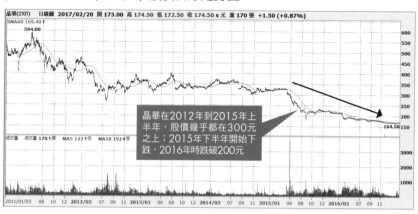

晶華在2012年到2015年上半年，股價幾乎都在300元之上；2015年下半年開始下跌，2016年時跌破200元

註：資料期間為 2011.01.03 ～ 2017.02.20　　資料來源：XQ 全球贏家

買進前檢查3條件，擁有安全邊際賺更多

　　從我的樣本中發現，只要買進本益比超過 15 倍的案例，最終都會虧錢。投資是為了獲利，獲利是取捨的藝術，好公司就算貴也不要買，找其他的好公司就好了，這就是機會成本的概念，兩家都 A 級的公司，選擇本益比低的才能讓你賺更多！

　　綜合「當季本益比」和「月均價本益比」，還有搭配前面章節的「大盤

相對低點」（詳見 3-1、3-2）、「高登公式報酬率」（詳見 3-3、3-4）這些概念，我們可以得到一組買進條件：

1. 在大盤每年的相對低點買進。

2. 高登公式報酬率至少要大於 10%，最好大於 15%。

3. 目前股價本益比要低於「月均價本益比」，貼近「歷史最低本益比」，而且小於 15 倍。

符合上面的條件，你就完成了「估價」的工作，同時我們可以認定這筆交易「擁有安全邊際」，在這種狀況下，賺錢的機率會很高！

只要股價被低估，不管是多少錢都值得買

最後要提醒，很多人對買進價有些迷思，其中一個迷思就是「估價要估得準！」這種迷思真的很奇怪，好像覺得你可以精算出一個正確的買進價位一樣。

實際上，就算你估算了一個買進價位，假設是 60 元好了，那股價跌到 62 元就不跌了，你到底要不要買呢？如果你估算出某個價位是偏高了，例如 120 元好了，那如果只漲到 118 元，你要不要賣呢？很多人會在這種小細節上苦苦掙扎，好像這種小地方非常重要一樣。正確的做法是：

只要股價被低估，不管是 60 元還是 62 元，買進都很划算。

只要股價被高估，不管是 198 元還是 200 元賣出，賣出都很合理。

估價是一個區間帶的概念，它代表一個「路標」，而不是精準的「價位」，你不需要精準價位就能評估；就像股神巴菲特（Warren Buffett）説過的比喻：「你看到一個胖子，不必算清楚他的體重數字，只要知道他很胖就可以了！」估價就是如此，對價位斤斤計較是外行人的舉動，你只要有安全邊際即可，剩下的評估都是畫蛇添足。

不需預估哪一檔會漲最多，投資組合以等比率買入

當你選好投資標的、檢查高登報酬率的數字和決定了買進的本益比價位之後，下一個問題就是：「要買多少比率？」

我前一本書《雷浩斯教你 6 步驟存好股》裡面的配置概念是採取「衡量式參與」，但這個概念是給專業投資人評估的做法，偏重防禦型投資的矩陣式存股採取的是「等比率買入」。

當你買入一檔股票的時候，或多或少有機率的成分在，因為你不知道哪些股票未來能帶給你的報酬率最豐厚；畢竟如果你能夠事先知道的話，那麼全壓一檔股票就好了。但就是因為不知道，因此我們要給每一檔股票相

同的機會,所以才要「等比率買入」。

如果你的目標是持有 10 檔股票,那麼每檔配置 10% 資金。

如果你的目標是持有 20 檔股票,那麼每檔配置 5% 資金。

雖然是等比率買入,但是不代表要一次把 10 檔或者 20 檔買齊,如果大盤在 7,000 多點的時候,你預定買入的標的只有 8 檔落入低檔本益比的目標,那就先買 8 檔,剩下的等之後再買。當然,有些情況會所有的股票都出現大跌,這時候一次買足也可以,只要買進有安全邊際,無論是一次買進或者分批買入,都是正確的決定。

買進股票並不困難,下一個章節要探討的問題就是:「什麼時候賣出?」

使用網站免費功能查看月均價本益比

財報狗網站提供了免費查詢月均價本益比的功能，以台積電為例說明如下：

進入財報狗網站（statementdog.com），點選❶「個股」，❷搜尋欄位輸入「台積電」或股票代號「2330」並按下 Enter 鍵，左側選單點選❸「企業價值評估」→❹「本益比評價」，就可以看到台積電近 5 年的月均價本益比走勢資料。若要調整查看的日期區間，點選 ❺「近 5 年」按鈕，即可自行調整。

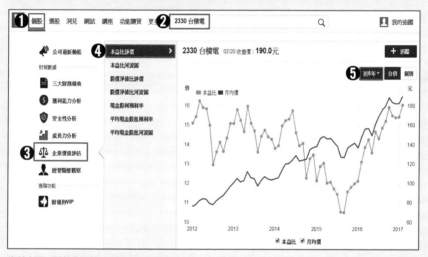

資料來源：財報狗網站

3-6 持有A級股2～3年 達到低風險、高收益

什麼時候要賣出股票？這一直都是投資人會遇到的問題，通常賣出股票會有兩種狀況：

1. **停利**：獲利了結。
2. **停損**：降低損失。

查理‧蒙格（Charlie Munger）經常說：「反過來想。」一套有邏輯的投資法則，只要把買進程序倒轉過來，就能變成賣出程序。所以矩陣存股法的停利方式就是：「賣在大盤相對高檔、個股歷史本益比相對高點」；停損方式就是「賣出降級股」。

這兩點雖然簡單，但是執行上我們都希望獲利能夠最大化，損失能夠盡量降低。所以我們希望 A 級股能盡量讓我們賺大錢，降級的股票能讓我們損失最少；最理想狀況是遇到降級風險也能賣出獲利，要做到這點就要增

表1

高點買88家A級股，持有3年獲利機率達68.2%

——2011年大盤相對高點買進88檔A級股持有1～3年盈虧狀況

盈虧狀況		持有1年	持有2年	持有3年
獲利	家數（家）	34	39	60
	機率（%）	38.6	44.3	**68.2**
虧損	家數（家）	54	49	28
	機率（%）	61.4	55.7	**31.8**

註：買進時間為2011年相對高點（04.01大盤指數8,705點），買入價格設定為2011.04.01收盤價；
報酬率已經加計股息，以單利計算

加「持有時間」這個變數。

我們在前面的章節（詳見3-1）有提過用 88 家樣本公司，分別設定在 2011 年相對高點與低點買進，做出兩組資料並且統計持有 1 年後獲利和虧錢的公司家數，我們得到「買在低點，賺錢機率會提高」的結果。現在我們把持有時間延長 2 年～ 3 年，來看結果會變得如何？

即使在高點買進，拉長持有時間也可提高獲利機會

表 1 是假設我們在 2011 年大盤相對高點（2011.04.01 收盤指數 8,705 點），買入 88 家樣本公司（2006 ～ 2010 年有 3 年以上是 A

級的 88 家公司），且持有 1 到 3 年後，共有幾家獲利、幾家虧損，報酬率已加計股利。我們可以發現兩個結果：

　　1. 持有 1 年，獲利家數 34 家；持有 3 年，獲利家數大增為 60 家！
　　2. 持有 1 年，虧錢家數 54 家；持有 3 年，虧錢家數減少到 28 家，表現良好！

　　所以我們可以知道，持有 3 年，就算買在大盤相對高點，整體報酬率竟然能大幅改善！

就算買到降級股票，長期持股也有機會反敗為勝

　　現在我們深入分析，買入 1 年後，88 家公司中的「維持組」（2011 年維持 A 級～ B1 級的 60 家公司，詳見 2-6）和「降級組」（2011 年降至 B2 級～ C 級以下的 28 家公司，詳見 2-6）的獲利家數有多少？

　　表 2 可以看出來，維持 A 級的公司持有 3 年後，獲利的家數提高；但是更值得觀察的重點是，降級的 28 間公司裡面，持有 3 年後，獲利家數竟然從 2 家飆高到 13 家！這證明只要過去表現是 A 級的公司，就算之後遇到基本面降級的營運風險，若持有時間拉長到 3 年，賺錢的機率也會提高！

表2 / **高檔買28檔降級組股票，持有3年獲利機會大增**
——2011年大盤相對高點買進維持組與降級組盈虧狀況比較

組別	家數	占比（%）	持有1年	持有2年	持有3年
維持組 ROE≧15%（A～B1級）	60	68.2	獲利32家	獲利35家	獲利47家
			虧損28家	虧損25家	虧損13家
降級組 ROE＜15%（B2～C級以下）	28	31.8	**獲利2家**	獲利4家	**獲利13家**
			虧損26家	虧損24家	虧損15家

註：買進時間為2011年相對高點（04.01大盤指數8,705點），買入價格設定為2011.04.01收盤價；報酬率已經加計股息，以單利計算

若在相對低點買進，加長投資時間獲勝機率更高

上述資料是買在2011年大盤相對高點的獲利與虧損統計狀況，那如果買在相對低點的獲利與虧損狀況是如何呢？我們來看，同樣的股票組合，買在2011年9月底大盤7,225點，之後持有1～3年的績效狀況。

從表3可以看到，如果在相對低點買入並持有3年，整體獲利家數提高到72家，獲勝機率高達81.8%，表示這是一個獲勝率高達8成的有效投資策略！

我們再進一步觀察表4當中維持組和降級組的數據，可看到維持組的

表3

低點買88家A級股，持有3年獲利機率逾8成
——2011年大盤相對低點買進88檔A級股持有1～3年盈虧狀況

盈虧狀況		持有1年	持有2年	持有3年
獲利	家數（家）	67	73	72
	機率（%）	76.1	83.0	**81.8**
虧損	家數（家）	21	15	16
	機率（%）	23.9	17.0	**18.2**

註：買進時間為2011年相對低點（09.30大盤指數7,225點），買入價格設定為2011.09.30收盤價；
　　報酬率已經加計股息，以單利計算

表4

低點買28檔降級組股票，持有3年有20檔獲利
——2011年大盤相對低點買進維持組與降級組績效比較

組別	家數	占比（%）	持有1年	持有2年	持有3年
維持組 ROE≧15%（A～B1級）	60	68.2	獲利47家	獲利52家	獲利52家
			虧損13家	虧損8家	虧損8家
降級組 ROE＜15%（B2～C級以下）	28	31.8	獲利20家	獲利21家	**獲利20家**
			虧損8家	虧損7家	虧損8家

註：買進時間為2011年相對低點（09.30大盤指數7,225點），買入價格設定為2011.09.30收盤價；
　　報酬率已經加計股息，以單利計算

60家公司，只有8家虧錢；更重要的是，降級組的28家公司裡面，持有1～3年期間有20家會賺錢！這證明了價值投資最古老也最重要的原則：「安全邊際」是非常有用的！

藉由時間的力量強化獲利，減少降級股的損失

價值投資始祖班傑明‧葛拉漢（Benjamin Graham）說：「安全邊際可以緩衝因為判斷失誤所造成的影響。」我們不知道哪些公司未來會降級，但是只要有安全邊際，加上持有時間的力量，公司降級的風險也能得到緩衝，讓你大幅降低投資虧損的機率。

那我們應該設定存股要持有多少時間才好呢？成長股之父菲利浦‧費雪（Philip Fisher）說過：「持股一年無論績效是好是壞，當中運氣的成分比較多。」所以費雪有一個「3 年原則」，認為要以 3 年來評估績效。

巴菲特（Warren Buffett）也說過：「時間是優良企業的成果、平庸公司的敵人。」在前面章節的 20 檔 A 級公司（詳見 3-5），都是以持有 5 年來計算績效，驗證成果也非常驚人。但是實務上，大多數投資人的問題是：「無法持有 5 年股票」，如果認為持有 5 年太長，我們可以縮短到 2 ～ 3 年，這個時間足以讓矩陣存股發揮力量，前面的統計結果就是驗證！

所以我們訂的矩陣存股規則是：「持股時間 2 到 3 年。」藉由時間的力量來強化獲利，持有過程中會有現金股利的收入，這時候只要將現金股利拿來買股票，那麼就可以減少降級股的損失。加碼的股票首選是「獲利矩陣等級維持 A 級」的公司，並且股價比之前成本低的時候買入，這樣就能

平均成本。如果現有持股股價都比較高，那麼你可以增加其他的 A 級股，讓投資組合的股票數量增加，也是一種加碼方式。

在看待投資報酬率的時候，請用「一個投資組合」的概念來看待，這個組合裡面無法讓你每一檔股票都賺錢，但是可以讓你賺錢的比虧錢的多，所以整個投資組合會有不錯的報酬率，同時又降低整體風險。

美國的知名價值投資者莫尼斯‧帕波萊（Mohnish Pabrai），在他的著作《下重注的本事：當道投資人的高勝算法則》裡面提到，最理想的投資狀態是「低風險高收益的投資模式」，他用一句話來形容這個概念：「如果是正面，賭對我大贏；如果是反面，賭錯輸得也不多。」矩陣存股法就結合這個慨念，持有 A 級股投資組合 2 到 3 年，能夠讓你正面賭贏，反面輸得少。

3-7 賣股時機掌握2原則： 高檔停利、降級停損

持有時間確定了，賣出的高點要在哪個點比較好呢？本文將分別以「獲利了結」和「降低損失」來說明。

獲利了結賣點1》大盤接近前一年高點時賣出

「獲利了結」的時機，首先可以參考的就是「大盤相對高點」。我們來看一下台股大盤歷年高點的統計資料，表 1 當中以紅線框起來的就是大盤的相對高點，從 2008 到 2016 年這 9 個年度，有 5 次碰到 9,000 點以上，所以我們如果設定在 9,000 多點賣出，似乎相當合理。

接著再觀察近 5 年（2012 ～ 2016 年）高點，高點似乎有愈來愈高的趨勢，所以你可以把賣出點設定為接近前一波高點的數字即可。「接近」可以是貼近或者超過前一波高點，例如 2016 年高點是 9,430 點（2016 年 12 月 12 日最高價），那麼我可以等 2017 年大盤漲接近 9,430 點

年度	*當年度漲跌	年度最高（點）
2008	跌	9,309
2009	漲	8,188
2010	漲	8,990
2011	跌	9,220
2012	漲	8,170
2013	漲	8,647
2014	漲	9,593
2015	跌	10,014
2016	漲	9,430

表1 **2008～2016年共有5年碰到9,000點以上**
——台灣加權股價指數歷年最高收盤指數

註：＊當年度收盤指數高於開盤指數即為「漲」；反之即為「跌」
資料來源：台灣證交所

當作基準點。當大盤漲到基準點的時候，不見得要立刻賣出，因為你不知道大盤會漲到幾點，所以不要預設立場，讓大盤自己起落。

例如 2017 年 2 月 16 日大盤上漲到 9,869 點，已經越過了我們設定的 2016 年最高價基準點；之後只要回檔到了基準點 9,430，我就會全部出清獲利了結，等待下次進場機會。

針對賣出的注意事項，還是要記得 2 個原則：

　　1. 被動等待時間點：你不知道幾時會上漲，被動等待就對了。

　　2. 不要斤斤計較賣出點：9,400 和 9,500 的賣出點差距並不大，沒必要為了這些小細節浪費時間。

獲利了結賣點2》在個股本益比相對高點時賣出

　　在大盤相對高點時，你可以選擇一口氣全部賣出投資組合，也可以選擇分批賣出。我比較建議分批賣出，因為當一口氣全部賣出投資組合的時候，如果大盤又上漲，對一般投資人來說心理上會有「判斷錯誤」的感覺，這種感覺本質上是一種心理偏誤，會讓你認為自己操作錯誤。其次，如果一口氣出清持股，你有可能冒著失去部位的風險，所以採取分批賣出會是比較好的策略。

　　如果要採取分批賣出，應該要優先選擇「本益比高點」的時候賣出。要怎麼評估本益比高點？可以參考全年度的「最高本益比」，也就是年度最高股價除以年度 EPS，公式如下：

最高本益比＝最高價／年度 EPS

　　現在思考一下，A 級股的年度最高本益比通常在哪個數字區間？我們來看本書 2-2 列出 20 家 A 級公司（領先組）的統計資料，把最高本益比分

表2

20檔領先組公司2015年有14家本益比逾20倍
——20檔「領先組」2011～2015年最高本益比統計

最高本益比區間	2011	2012	2013	2014	2015
本益比＜10倍	1	2	0	0	0
15倍＞本益比≧10倍	7	6	4	4	3
20倍＞本益比≧15倍	9	10	7	7	3
本益比≧20倍	3	2	9	9	**14**

註：上表單位為家數

成未達 10 倍、介於 10 ～ 15 倍、介於 15 倍～ 20 倍，大於 20 倍，共
4 個區間來統計（詳見表 2）。

　　我們可以發現，20 間 A 級公司的年度最高本益比這 5 年來都愈墊愈高，
單看最高本益比大於 20 倍的統計，2011 年只有 3 家，2015 年卻變成
14 家。主要是 A 級公司過去被低估，但是當市場認同度提高之後，本益
比就會愈墊愈高。

　　上述的資料是用年度每股稅後盈餘（EPS）計算年度最高本益比，如果
改成觀察「當季最高本益比」和「月均價本益比」這兩個資料，我們可以
設定「月均價本益比逐步提高，超過當季最高本益比的公司優先賣出」，
這樣就能做好理想的賣出程序了。

　　而全部的持股都賣出之後，只要重新等待下次大盤進入低點的時刻，把持股都買回來即可，並且重新用等比率的方式組合矩陣股，來回重複操作，就能達成理想的報酬率。

降低損失賣點》矩陣降級＋保留盈餘成長率下滑優先賣

　　停利很容易，賣掉就好了，但是現在我們要思考怎樣更進一步改良投資獲勝機率，重點就在觀察讓我們虧損的標的。首先觀察 2006 ～ 2010 年多為 A 級的 88 家樣本公司當中，在 2011 年也仍為 A 級的「維持組」60 家公司，如果我們於 2011 年大盤相對低點的 9 月底買進，持有 3 年後，仍然有其中 8 家公司讓我們虧錢（詳見 3-6 表 4），為什麼呢？我發現這 8 家公司有兩個共同的特色：

　　1. **買進本益比太高**：例如晶華（2707）在 2011 年 Q3 最低本益比高達 36.5 倍左右，本益比實在太高，投資人買進當然會虧。

　　2. **買進之後 ROE 下滑，但仍在 A 級的低標**：其中一間讓我們虧錢的公司新普（6121），重點在於 ROE 持續下滑。2010 年到 2015 年時雖然都是 A 級，也就是每股自由現金流都是正值、ROE 也都在 15% 以上，只是，2010 年時 ROE 還高達 26.34%，隔年開始年年下滑，2015 年時正好維持在 A 級的及格邊緣（詳見圖 1）。

新普2012～2015年維持A級，但ROE年年下滑
——新普（6121）獲利能力矩陣

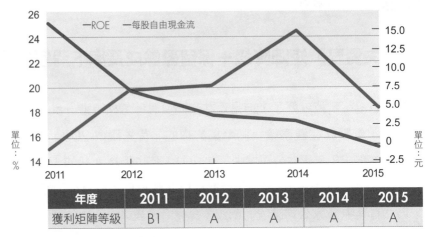

年度	2011	2012	2013	2014	2015
獲利矩陣等級	B1	A	A	A	A

資料來源：雷浩斯價值投資網

以每季財報追蹤持股最新變化的投資人也可以發現，從 2016 年第 1 季～第 3 季，新普的近 4 季 ROE 已經下滑到 10% 以下。

接著我們再觀察新普的高登公式報酬率結構，發現它的保留盈餘成長率也逐步下滑，從 2011 年的 14% 左右，2013 年後快速下滑到 8% 以下（詳見圖 2）。這表示公司運用保留盈餘的能力很差，兩者合併觀察，遇到這種狀況下最好要停損賣出，以防止投資失利。

新普的保留盈餘成長率從14%左右跌破8%
—新普（6121）現金股利殖利率、保留盈餘成長率

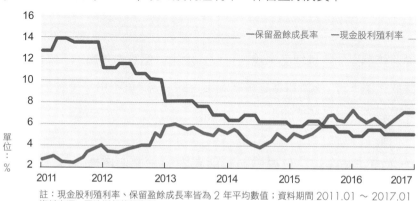

註：現金股利殖利率、保留盈餘成長率皆為2年平均數值；資料期間2011.01～2017.01
資料來源：雷浩斯價值投資網

裕民保留盈餘成長率小於殖利率且為負值
—裕民（2606）現金股利殖利率、保留盈餘成長率

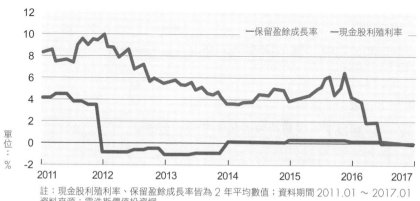

註：現金股利殖利率、保留盈餘成長率皆為2年平均數值；資料期間2011.01～2017.01
資料來源：雷浩斯價值投資網

「降級組」讓投資人虧錢的 8 家公司裡面，一樣出現保留盈餘成長率很差的情況，例如裕民（2606），這間公司的保留盈餘成長率一直小於殖利率，甚至變成負值（詳見圖 3），這種情況是不可能讓你的投資獲利。

從這些虧錢的案例裡面，我們可以歸納出一個基本重點：「降級＋保留盈餘成長率下滑」，所以當這種狀況出現的時候，就不用等持股 2 ～ 3 年，而是要優先停損這些標的！

針對不同矩陣等級，以保留盈餘成長率設定停損標準

很多人會怕降級的時候錯殺好股，例如 A 級公司暫時變成 C 級，之後又回升 A 級，如果停損不就錯殺了嗎？觀察保留盈餘成長率就可解決這個問題。好公司的保留盈餘成長率通常能維持一定的水準，所以觀察保留盈餘成長率的數字，比較不用擔心錯殺好股。

從統計和經驗中，我針對不同獲利矩陣等級的個股設定不同的停損條件：

A ～ B1 級：保留盈餘成長率跌破 7%。
B2 ～ C 級以下：保留盈餘成長率下滑到負值。

當上述的停損條件出現時，你就應該執行動作，停損之後你的資金就會釋放出來，轉入其他矩陣股，讓其他投資標的來彌捕你的損失。

圖4 ## 葡萄王2013～2015年ROE在39%上下
—— 葡萄王（1707）獲利能力矩陣

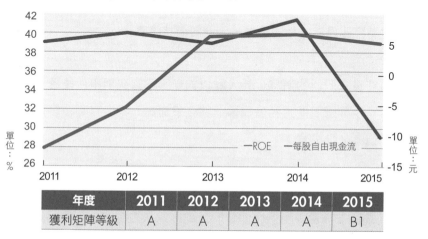

年度	2011	2012	2013	2014	2015
獲利矩陣等級	A	A	A	A	B1

資料來源：雷浩斯價值投資網

A級股也可能遇到倒楣事，做好分散持股可抵銷影響

另外一種情況不是降級，而是公司經營發生一些出乎投資人意料的情況，例如葡萄王（1707）這間保健食品公司，從 2011 年到 2015 年來的獲利矩陣等級都很不錯，尤其是 ROE 特別突出，2011 年達 27%，2012 年達 32%，2013 年到 2015 年更在 39% 上下，表現非常優異（詳見圖 4）。

　　但是 2016 年 12 月底，新聞爆出葡萄王竄改過期產品的標籤、然後重新上架販售的消息，當天股價立刻跌停。當日下午公司召開記者會表示是家族內部人員惡意抹黑，與事實不符，並且要採取法律途徑；但是後續新聞又發現有竄改日期的相關證據，因此股價持續跌停。

　　面對這些真真假假的消息，外人難以判斷，不管過期事件後續如何，我們要思考：矩陣選股能預測這種事情嗎？沒辦法。不過有哪種投資法能迴避這種事情嗎？也沒有！

　　所以看待這種事情就像彼得·林區（Peter Lynch）說的「五股原則」一樣，5 檔股票總有 1 檔會表現得比你想的差勁，無法控制的外在變因就像遇到地震或者車禍一樣，掌握權不在你身上就不用太介意。

觀察管理階層反應以決定是否出脫持股

　　投資人可以採取的處理方式有：1. 直接停損、2. 持續持有。如果直接停損就會虧錢，優點是資金會釋放出來，轉入其他矩陣股就能獲利；缺點是當壞消息出來之後股價可能就是低點，這時候很可能會殺低賣出之後股價反而反彈，投資人可能會覺得自己操作錯誤。

　　如果持續持有的話，必須要觀察管理階層是否沒有誠信，例如管理階層是否開始賣出自己的持股，又或者開始質押自己的股票？又或者不願意發

新聞稿說明事件？又或者在說明事件的時候三緘其口，報喜不報憂？當沒有誠信的狀況下建議停損，但是管理階層如果持股不動，且願意面對公司的困境，這樣的情況可以持續持有。

我們更進一步思考「持股遇到倒楣事」這個問題：首先，一間公司遇到好事和倒楣事都是機率的問題，如果你持股 1 年，遇到的壞事的機率也許有限；持股 2 年，遇到壞事的機率就提高。

如果分散到 20 檔個股，這 20 檔個股裡面在 2 ～ 3 年之間，有某間公司遇到倒楣事的機會一定是有的。就算在一個 3 年投資週期之間沒遇到倒楣事，下一個新的投資 3 年週期之間，也有可能會遇到倒楣事。

但是你不用太擔心，分散持股可以對抗倒楣事，某間公司有問題，其他公司沒問題即可。元大台灣 50（0050）分散到 50 檔公司，投資人有在乎過它們某間公司的營運狀況嗎？當然沒有！所以看開點，持股遇到倒楣事很正常，不要過度自我要求手中持股一定要完美無瑕。

更何況 A 級的好公司遇到好運能徹底發揮優勢，遇到倒楣事也比較有抵抗力。C 級以下的公司如果遇到倒楣事，恐怕就完全站不起來了。所以你該擔心的是買到糟糕的公司、同時又遇到倒楣事，這對你的投資組合才會有傷害。

　　不管遇到好事或者倒楣事，都是機率的問題。真正的重點是「長期下來好運和壞運會互相抵銷，剩下的就是公司的經營能力！」經營能力要用什麼標的觀察呢？獲利矩陣等級！

選股遵循「買好公司」原則，操作遵循「防禦型投資」原則

　　那麼矩陣降級就代表公司一定變得很差嗎？股神巴菲特（Warren Buffett）不是談永恆持股嗎？持有 2 ～ 3 年賣出，不是違反巴菲特的原則嗎？錯了！

　　首先，降級不代表否定一間公司的過去，任何公司都像人一樣具有生命力，即使過去再輝煌，都有可能會老化。老化的公司則會失去護城河和活力，導致等級下降，這種狀況連巴菲特投資過的公司都無法避免。

　　巴菲特曾經在超低價買入華盛頓郵報公司，這間公司給巴菲特帶來龐大的報酬率；但是在網路時代，傳統媒體受到巨大衝擊，導致華盛頓郵報的營運也下滑，這種狀況連股神也無法避免。因此，當我們遇到類似的狀況，只要找其他優質標的即可。

　　另一點，如果有能夠永遠持續在 A 級的公司，當然可以當永恆持股，但是你也要找到才行。我們可以確定永恆持股是 A 級股，但是不代表 A 級股

就是永恆持股。

　　矩陣存股法在選股上符合巴菲特「買好公司」的原則，但是在操作上符合班傑明‧葛拉漢（Benjamin Graham）的「防禦型投資」原則，這是為了時間不多、知識不足的上班族所設計的投資法。而隨著時間過去，如果你在投資方面得到了足夠的技術、心得，以及績效上的進步，那麼你就可以修改這套原則，讓它變成符合你的方式。

3-8 矩陣存股法具結構性優勢 讓傻瓜也能賺錢

我們在前面的章節談了矩陣投資法的許多重要細節和執行方式,在本篇文章,我想仔細聊聊矩陣式投資法的主要觀念,並且回答一個許多人心中可能會有的問題:「為什麼矩陣投資法會有用?」

思考正確的投資方法前,先打破4項迷思

首先,矩陣投資法的 3 項基本重點如下:

1. **長期持有好公司**:5 年都是 A 級的股票勝過 5 年都是 B 級的股票,持有 2 ～ 3 年。
2. **分散投資**:運用 80 ／ 20 的法則讓你的投資報酬率提升。
3. **要有安全邊際**:在大盤相對低點和個股本益比相對低點的狀況下,買入高登公式報酬率大於 10% 的標的,並且持有期間領到的現金股利要投入加碼。

這 3 個投資重點都很簡單,那麼為什麼一般人不會去做呢?因為大部分的人對投資股票都存在非常多的迷思!當你對一件事情的問題問錯了,當然會出現錯誤的答案。現在我們整理一下前面章節提過的所有迷思:

1.打破「選股迷思」:選股不是賭漲跌,而是尋找好公司

在選股方面,一般人認為選股能力就是找會上漲的股票,而支持效率市場理論的學術界人士認為,天底下沒有人有正確的選股能力,並用「丟銅板」這個比喻來強化自己的論點,認為選股就和丟銅板一樣,賭漲賭跌總是有人偶爾能猜中,但是長期下來沒人猜對。

另一個比喻就是「射飛鏢」,認為業餘人士用射飛鏢選出來的股票績效和專家選股的績效一樣,所以選股能力根本不存在。

丟銅板和射飛鏢用來比喻選股都是錯的,因為他們把重點放在「賭漲跌」,但是選股能力的重點不是漲跌,而是找好公司!

那麼選好公司的能力有沒有辦法驗證呢?當然有辦法,今天就算不談股市,在任何企業管理的書籍,都能找出針對好公司的個案研究和評論標準,在這邊特別推薦《從 A 到 A ＋》和《十倍勝,絕不單靠運氣》這兩本書。

一個到 2、3 間公司上班過的上班族,就算不是投資人、不懂財務報表,

仍可以很清楚的比較出這些公司在管理和運作方面有沒有制度和規畫；好公司的制度規畫和管理都很明顯，而爛公司則否。這證明就算不是投資人，也可以簡單分辨出公司的好壞。

而投資組合的迷思，就是大眾認為分散投資可以降低風險，同時也會降低報酬。但是實際上，你買差的公司，不管分散 10 檔還是 20 檔以上，風險還是很高、報酬還是很低；而你買好公司，不管分散到幾間公司，風險還是很低、報酬仍然不差。

那矩陣投資法為什麼要分散持股呢？重點在於利用 80 ／ 20 的法則，某些 A 級股的績效就是比其他公司好，只是你無法預測是哪些 A 級股；既然無法預測，那就把全部 A 級股打包帶走，使用等比率的方式買入，給它們一樣的投入機會，經營好的公司自然會出現好的營運成果。

2.打破「擇時能力迷思」：不預測買賣點，而是被動等待買賣點

另外一個迷思是「擇時能力」的迷思，很多投資人以為成功的投資者一定能預測未來的買進時機和賣出時機，但是實際上「擇時能力」根本不存在！成功的投資人只是被動的等待買點和賣點，如此而已。

3.打破「價位迷思」：不預測價位，而是對價位做出正確反應

和「擇時能力」一起會被提到的就是「價位迷思」，很多人覺得如果不

想當成功的投資人，須避開迷思、釐清投資觀念
——投資人常有迷思與正確思考

	投資觀念的迷思	正確的投資思考
選股	選會上漲的股票／丟銅板	選好公司
分散投資	分散會降低風險，也會降低報酬	分散在C級股不會降低風險 分散在A級股不會降低報酬
買賣時機	投資賺錢的人都能預知買點或者選擇時機	時機是等待來的，你不可能預知，但是可以等
買賣價位	能估算股價的精準價位	只能估算相對高估和低估
投資成功關鍵	投資成功要能預知未來	仔細評估成功因素

能算準時機，那就要能算出股價；但是實際上，你只能計算股價現在是處於被高估還是被低估的狀況，不可能精準計算出股價的數字。

傳奇價值投資者賽思‧卡拉曼（Seth Klarman）說過：「所謂的交易，就是對價格的波動做出適當的反應。」投資者不必擇時或者算價，只要被動等待，低估的時候買進、高估的時候賣出，這就是對價格的波動做出正確的反應。

4.打破「預知未來迷思」：評估所有成功因素，並重複成功的行為

最後一個迷思是「預知未來」的迷思，這算是前面所有迷思的結合體，

總有人以為某些人能夠預測未來，但預測未來是最沒效率的行為。對於投資真正有用的行為就是「評估所有成功的因素，然後重複成功的行為」。

　　投資在一定程度上也算是一種競賽，如果所有人都使用正確的投資思考，那麼大家應該都會失去優勢。但是實務上，我想這是不可能的，投資的迷思是一種巨大的力量，只要大眾投資人存在投資迷思，並且不斷的去做那些沒幫助的事情，那麼正確思考的投資人就會具備卓越的優勢。

投資優勢有3種，其中「結構性優勢」最重要

　　現在你知道大眾投資人的投資迷思之後，另一個思考就是：「我和其他投資人比，有什麼優勢？」大抵而言，投資優勢分為以下 3 種：

資訊優勢：我知道的關鍵資訊比你多！
交易優勢：我所做的交易決策比你的正確！
結構性優勢：我的投資體系比你的有用！

「資訊優勢」代表分析能力，藉由對產業的了解增進實力

　　投資人往往面對許多資訊，例如財報、產業、新聞等等，其中最難處理的就是負面新聞消息。通常當股價上漲時，大家都不太在乎負面消息；但如果在股價下跌時，要解讀負面消息就會變得更難。投資人最難處理的問

題就是：「這家公司是一時被錯殺？還是競爭力下滑？」

面對這一點，可以採用成長股之父菲利浦・費雪（Philip Fisher）在《非常潛力股》裡面提過的「閒聊法」，藉由閒聊來了解一間公司的競爭力。但是要知道，一個聰明的投資人即使掌握了好資訊，也有可能判斷錯誤。因為他處理和解讀資訊的能力很可能相當差勁，反倒被資訊誤導，最後錯過正確的交易時間點，做出錯誤的決策反應。所以分析財報和了解產業，並且進行判斷是很重要的事情。

閒聊法的缺點除了「處理資訊」的能力之外，另一點就是「可遇不可求」，除非你有足夠且高品質的人脈，不然閒聊法是很難成功的。你要思考為什麼人家願意和你聊天，並且告訴你「關鍵資訊」？這個關鍵資訊很可能是公司競爭的強項、外人不懂的產業特點，甚至是非常重要的資訊。

閒聊法要成功，就是要站在雙方都平等的地位上，如果你比對方強，那你很可能沒收穫；對方比你強，他很可能沒辦法從你身上學到某些知識，這樣一來後續就不會有任何互動交流了。

費雪本人對閒聊法的對象相當要求，他的兒子肯恩・費雪（Ken Fisher）甚至說：「父親看人不是 A 咖就是 F 咖，一旦是 F 咖就不會和對方見第二次面！」這個論點也許有點嚴厲，但是我想強調的是「向上提升」

的觀念，當你努力提升自己的時候，周圍環境也會因此改變，你獲得的幫助也會變多，同時要和他人「閒聊」也會變得更容易！

「交易優勢」代表決策能力，懂得在勝算高的時候出手

除了資訊優勢之外，另一個優勢就是交易優勢，交易優勢就是能夠把買進和賣出的程序做好。優秀的交易者甚至可以在資訊不足的狀況下做出漂亮的買賣，這可以顯示出決策能力的優越之處！

有交易優勢的投資人很清楚一件事情：「資訊永遠不對稱」，所以他們會按照機率下賭注，在勝算高的時候出手。所謂的勝算，就是要分清楚「自己知道什麼」和「不知道什麼」，這兩點關鍵至極。

很多投資朋友很希望我分享詳細的買進和賣出個案，但是我常常很困惑……我就只是趁很明顯的機會下注而已，這一點都不難，因為當一檔股票出現安全邊際的時候，你會很清楚的知道它被低估，同時你也會知道它日後會漲回來。後來我才發現，原來我本身具備一些交易優勢，我擅長下注，也擅長在機會差的時候「不下注」，偏偏這兩點很多人都辦不到，因為他們心裡的問題是：「你怎麼知道它最後會漲回來？」

關於這點，班傑明‧葛拉漢（Benjamin Graham）曾經說：「這是我們這一行中的一個神祕問題，我和每個人都會有這種感覺，我們根據經驗，

知道市場最後會以某種方式，讓價值升上來。」這就是價值投資者累積交易經驗之後的直覺。

關於交易的技術，很多人會用「賭馬」和「打橋牌」的方式比喻，但這些都是外國投資書上的解釋，我每次看到的時候都覺得不太貼切。我認為學交易最良好的方式就是了解決策的技術，讓我收穫最多的反倒是「西洋棋」，我在看西洋棋王卡斯帕洛夫（Garry Kasparov）的自傳《走對下一步》裡面得到了非常多的啟發，棋王的決策能力強到令我欽佩至極，其中最大的收穫就是「決策樹」的概念應用。

假如你下2招棋，後面可能會有5種路徑變化，當你選擇某個路徑之後，又會衍生更多的路徑變化。通常很多人會以為要用「暴力演算法」算出所有的變化，但是實際上沒人辦得到，你只要按照機率來決定，把發生機率低的路徑變化砍掉，留下主要路徑思考即可。

別以為交易優勢只能用來投資，查理·蒙格（Charlie Munger）曾經形容股神巴菲特（Warren Buffett）有個優勢，就是能自動用決策樹理論解決問題。

交易優勢的缺點就是：某些交易員的交易優勢似乎是天生的。不過所幸除了極少部分的人學不會之外，大部分的人應該都能掌握「決策樹」的概

念。我在課堂上解釋過決策樹的觀念，許多學員都是專門為了這點而來，教學相長，讓我對決策樹的體會變得更加深入！

「結構性優勢」代表驗證法則的能力，投資系統須有用、可複製

如果一個投資人沒有資訊優勢，也不具備交易優勢，那麼投資要怎麼賺錢呢？

有另外一種優勢叫做「結構性優勢」，只要我的投資系統比你的具備結構性優勢，那麼就算沒有前兩個優勢也能賺錢。常聽到的一個名詞叫做「傻瓜投資法」，意思是傻瓜照做也能投資賺錢，結構性優勢就是要有可以成為傻瓜投資法的能力，要符合「有用」和「普遍」這兩個原則。

「有用」是指這個方法能夠賺到錢，「普遍」是指很多人都能靠這個方法賺到錢，這個方法要能夠複製才算結構性優勢。價值投資法本身就具備結構性優勢，從葛拉漢、費雪、巴菲特和許多價值投資高手，都運用這個法則得到長久的報酬率。

而矩陣式存股法的核心就是價值投資法理論，因此也具備結構性優勢。矩陣式存股在理論上並沒有什麼特別的創新點，也不需要創新。甚至本書提到的重要概念如：獲利矩陣、本益比、高登公式，也在我前兩本書都有說過。

既然是有用的理論，那必定可以和其他理論同時比對，得到相同的結論。舉例來講，巴菲特選股法最著名的書籍就是羅伯特‧海格斯壯（Robert G. Hagstrom）的著作《勝券在握》系列！《勝券在握》提出了巴菲特選股的財務 4 原則：

1. 將注意力集中在股東權益報酬率，而非每股盈餘。

2. 計算「業主盈餘」以得到正確的價值。（業主盈餘就是自由現金流，因為以前的財報還沒有現金流量表，因此巴菲特就自己計算，將其稱為業主盈餘。業主盈餘在算式上和自由現金流雖然沒有完全一樣，但是精神概念上符合，所以可以用自由現金流來代替。）

3. 找有高獲利率的公司。

4. 公司每 1 元的保留盈餘，公司至少要增加 1 元的市場價值。

我們把它拿來和矩陣存股法比對，第 1 和第 2 點指的就是找獲利矩陣等級為 A 級的公司，第 3 點指的就是 ROE 杜邦分析高獲利能力型的個股，第 4 點就是觀察高登公式的保留盈餘成長率。兩種投資法則的結構完全相同（詳見表 2）。

由此你可以發現，結構性優勢絕對是一種投資通則，只是應用的程度能否簡單到讓投資人能夠省下寶貴的時間而已，關於這一點，矩陣式存股法絕對沒問題！

矩陣式存股法與巴菲特選股原則具有相同結構
——巴菲特選股財務4原則vs.矩陣式存股法選股原則比較

巴菲特選股的財務4原則	矩陣式存股法選股原則
1.將注意力集中在股東權益報酬率，而非每股盈餘	1.選股重視高ROE和擁有自由現金流的A級公司
2.計算「業主盈餘」以得到正確的價值	
3.找有高獲利率的公司	2.選擇高獲利率、低負債，ROE杜邦分析屬於高獲利能力型優先
4.公司每1元的保留盈餘，公司至少要增加1元的市場價值	3.選擇在高登公式報酬率當中，保留盈餘成長率大過殖利率的公司

當你的投資法具備結構性優勢的時候，就算沒有資訊優勢和交易優勢，也能投資獲利。如果有呢？當然就是加分！3種投資優勢裡面，結構性優勢最重要，只要具備「有用」和「普遍」的原則，結構性優勢沒有任何的缺點。

大師講的其實都一樣：評估公司、思考市場

(3-9)

現在你釐清了投資的迷思、檢查了自己的優勢，那麼還要評估哪些項目才能讓你的投資成功呢？西洋棋王卡斯帕洛夫（Garry Kasparov）在他的著作《走對下一步》裡面提到了成功的要素，主要有 3 點：物質、時間、品質。把卡斯帕洛夫的概念應用在投資上，我們可以做出以下的思考：

成功要素1：物質》資產成長與否，全賴持股的營運表現

「物質」代表的就是你的投資「本金」，金錢在買股票之前都是不會變的，1 塊錢的價值等於 1 塊錢。當你用錢買入股票的時候，物質就轉換為「矩陣股」，你的資產成長與否，全賴你持有的矩陣股的營運表現，你要做的就是檢視買入時的高登報酬率表現，以及買入本益比是否夠低。

成功要素2：時間》追求更長的時間複利，投資愈早愈好

「時間」要素在本質上是公平的，每個人都有 24 小時。但是投資股票必須以時間來產生複利效果，而你的起始投資年紀不同，擁有的時間優勢

和劣勢也不同。

假設有 3 個人，一個是 20 多歲的年輕人，另一個是 40 ～ 50 歲的中年人，最後一個是 60 ～ 70 歲的老年人，我們假設他們未來都能活到 80 歲。愈年輕的人雖然可以運用的投資本金少，但是可以產生複利的時間長，而老年人能利用的後續複利時間就少；因此，投資愈早愈好。

另一個重點是：不是每個時間都會有同樣的價值。正在忙碌趕專案的上班族會恨不得有更多的時間，而當兵數饅頭的人則恨不得提早退伍；這兩者的時間總量相同，價值差異卻很大。

這個觀念用在台股上，2015 年 4 月底台股再度走上萬點；4 個月後的同年 8 月底，台股一度跌到 7,200 點左右。如果你在這時候完全出脫手上的股票，雖然空手 4 個月，損失了 4 個月的持股複利效果，但是換來了低點買入的機會，這樣的時間運用品質可以說是更加的優越。

成功要素3：品質》注重持股品質、提升投資決策品質

品質要素歸納於兩種：「矩陣股本身的品質」和「你自己的投資決策品質」。持股本身的品質是透過獲利矩陣和高登公式來檢查，而決策品質在於你是否有按照矩陣存股法的方式來做？如果有，那麼你的買賣次數應該會大幅降低。

　　降低次數的重點是為了提升決策品質，畢竟你決策的次數愈多，愈有可能產生「決策疲乏」；在這時候大腦的輸出功率將會大幅降低，使你的決策品質下滑到糟糕的地步。所以許多交易員年紀大了，都感到短線進出相當疲乏；身為矩陣存股者，你不必參與這種遊戲。

依循3步驟實際進行矩陣式存股法

　　讓我們來整理一個簡單的總結步驟，當你看完這本書之後，最好立刻開始以下的步驟：

　　步驟 1》準備工作：建立一個 Excel 表當成你投資工作籃，將你知道的矩陣股列出來，用 5 年都是 A 級的公司當成第一標準。你可以參考本書後面的附錄資料（詳見第 290 頁），或者參考台灣 50 指數和台灣中型 100 指數的成分股。

　　步驟 2》買進：先等待大盤下跌到相對低點，檢查矩陣股的歷史本益比低點和高登報酬率，決定好之後就等比率買進。

　　步驟 3》賣出：持有 2 ～ 3 年，持有期間如果領取現金股利就加碼，如果持股降級並且保留盈餘成長率下滑就停損；等到大盤相對高點的時候就賣出持股、實現獲利，等待下個買進機會再重組回來，重複這些動作。

公司若維持A級愈久，代表擁有愈強的護城河

當你手上有一堆矩陣股名單的時候，你就會面臨取捨的問題，你會思考要配置哪些產業的矩陣股？配置組合該有幾檔？當你的持股遇到降級，沒買的股票卻升級的時候，你也會面臨是否要賣出降級股、轉換升級股的問題。這就是取捨的難處，若想讓投資品質更加優越，你就要修煉質化分析功力和尋找投資護城河。

本書的研究和分析雖然以「量化」的矩陣等級指標分析為主，但是不代表「質化」的產業與護城河分析不重要；相反的，護城河非常重要，Ａ級公司能維持愈多年，代表護城河愈加強勁，這兩者有絕對的關係。

在《護城河投資優勢》這本書裡面設定了「寬廣護城河」和「狹隘護城河」這兩種敘述。如果使用獲利能力矩陣的觀點看來，連續 5 年 A 級的公司就算擁有「護城河」，這種公司就是投資選項之一。如果 5 年都在 B2 等級的公司則是「狹隘護城河」，其實能維持穩定的 B2 等級，倒也是不差的選項。

5 ～ 7 年維持 A 級的公司，可以稱其擁有「強力護城河」；維持 10 年以上 A 級的公司則擁有「寬廣護城河」。在取捨的時候，就應該以愈強的護城河為主要標的！

矩陣升級的公司視為管理階層正在「打造、加寬護城河」，例如儒鴻（1476）和為升（2231）就是升級股的標準之一。矩陣降級則視為「護城河受到侵蝕」，像過去的中鋼（2002）、大田（8924）和台橡（2103）等公司的護城河就受到了侵蝕，捨棄的時候可以此為觀察。

在取捨的過程中，連續多年穩定 A 級的公司是首選，連續穩定 B2 的公司勝過降級的公司；矩陣存股法之中，矩陣等級的穩定度非常重要，愈多年的穩定度代表公司經營愈良好。

表 1 是 20 檔矩陣股投資組合範例，提供給讀者作為參考，涵蓋範圍包含電子行動裝置、物聯網、汽車、運動、醫療器材和民生相關產業，從中挑出個股進行等比率的分配投入。要特別注意的是這些公司大多是百元以上的高價股，因為有護城河的 A 級公司大多股價會持續上漲，所以資金較少的投資人在建立投資組合的時候，可以零股買進。

價值投資獲利來源：內在價值增長、市場本益比的變化

許多公認的投資大師，對投資都有幾乎相同的見解，只是他們會用不同的方式描述出來。

例如價值投資界地位最高超，被譽為股神的巴菲特（Warren Buffett）說：

表1

決定產業與矩陣股後，依等比率建立投資組合

——20檔不同產業的矩陣A級投資組合範例

產業	個股名稱	投入比率（％）
電子	台積電（2330）	5
	大立光（3008）	5
	可　成（2474）	5
	川　湖（2059）	5
	勤　誠（8210）	5
	耕　興（6146）	5
物聯網	研　華（2395）	5
	飛　捷（6206）	5
	振樺電（8114）	5
汽車	為　升（2231）	5
	皇　田（9951）	5
運動	巨　大（9921）	5
	豐　泰（9910）	5
醫療器材	精　華（1565）	5
	邦　特（4107）	5
民生	台灣大（3045）	5
	伸　興（1558）	5
	博　大（8109）	5
	廣　隆（1537）	5
	崑　鼎（6803）	5

註：以上大多是股價百元以上的高價股，若資金較少，建立投資組合時請以零股建立

「投資只要學習 2 件事情：如何評估一家公司和如何思考市場」。

出版後只有一刷、之後就不再版的夢幻奇書《安全邊際》，其作者、也是被稱為傳奇價值投資者的賽思‧卡拉曼（Seth Klarman）則說：「價值投資的獲利來源有 2 個：內在價值的增長和市場本益比的變化。」

指數型基金之父約翰‧伯格（John Bogle）在他的著作《買對基金賺大錢》裡面說：「股市的報酬率分成 2 個部分：第 1 個是投資報酬率，由期初殖利率加上後續的盈餘成長率，兩者形成真正價值的基礎；第 2 個部分則是投機報酬率，也就是本益比的變化對股價的影響。」

他們三位說的都是一樣的投資概念，而矩陣式存股法就是將投資大師的概念做實際上的運用，例如：

如何評估一間公司內在價值的增長？看獲利矩陣等級有沒有穩定或者升級就可以知道！

如何算投資報酬率？看高登公式就知道！

如何思考市場？看大盤歷史高低點和個股歷史本益比高低區間就知道！

當你熟悉了矩陣式存股法之後，再用來比對所有的投資法則，就能夠讓你融會貫通所有投資經典書籍想表達的概念，累積真正有用的投資經驗，

表2 矩陣存股法將投資大師的概念做實際運用
——投資大師的概念與矩陣式存股法的運用

	股神 巴菲特	傳奇價值投資者 賽思·卡拉曼	指數型基金之父 約翰·伯格	矩陣式存股法
投資 概念	投資只要學 2件事情：	價值投資的獲利 來源有2個：	股市報酬率分成 2個部分：	買好公司，分散 長期持有
第1點	如何評估一 間公司？	內在價值的增長	投資報酬率：真 正價值的基礎， 等於殖利率加上 盈餘成長率	內在價值：獲利 矩陣等級 投資報酬率：高 登公式
第2點	如何思考市 場？	本益比的變化	投機報酬率：本 益比變化對股市 的影響	大盤相對高低點 和歷史本益比區 間

觸類旁通、達成高效率的投資學習，這就是矩陣式存股法的優勢！

NOTE

Chapter **4**

實戰演練》
個股分析教戰
經驗值大躍升

4-1 6階段建立工作流程 打造個人專屬資料庫

　　現在你已經知道整個矩陣式存股法的所有方法和概念，你會發現矩陣存股法每年買賣的次數不多，但是真正的準備工作在於建構 10 ～ 20 檔左右的投資組合。為了讓讀者在研究時能更加順利，我將《雷浩斯教你 6 步驟存好股》裡面第 5 篇「修煉能力範圍」的「雷式 GTD」修改成「矩陣存股 GTD」，流程如下：

　　1. 打造投資工作籃→ 2. 建立矩陣存股檢查表→ 3. 蒐集資料→ 4. 進行分析→ 5. 資料庫歸檔→ 6. 累積知識複利效果

　　「GTD」是 Getting Things Done 的縮寫，來自於大衛‧艾倫（David Allen）的著作《搞定》。這本書籍主要講述高效能的工作管理技巧，透過系統化流程完成工作，我將它應用在個人投資管理上。而本文所介紹的「矩陣存股 GTD」，是針對矩陣式存股法所設計的版本，比原版更加精簡，相信對上班族肯定會很有幫助。

第1階段》打造投資工作籃

　　第 1 階段先準備一個 Excel 檔案，將它命名為「投資工作籃」，並且把蒐集到的個股，根據不同產業來分類。在前面的章節我們已經談過了怎樣找矩陣股，這邊就不再贅述（詳見 2-4）。建構投資工作籃時要特別提醒讀者，只要先蒐集「矩陣等級」的資料即可，先不必放太多資料上去，因為工作籃的目的是要讓你快速檢視標的，太多資訊反倒會讓你分心。

　　為了讓讀者能更加上手，本書後面的附錄（詳見第 290 頁）分享了我個人的工作籃矩陣股，讀者朋友可以藉此當案例來建立你的工作籃。建立完成的表格如下圖範例：

公司名稱	評估指標	2011	2012	2013	2014	2015	本益比
2330 台積電	ROE	22.21	24.52	23.94	27.85	27.02	
	每股自由現金流	2.51	0.6	2.56	5.36	12.06	16.27
	獲利矩陣	A	A	A	A	A	
3008 大立光	ROE	28	26.07	35.95	50.72	44.09	
	每股自由現金流	33.91	30.86	45.78	105.98	164.32	22.53
	獲利矩陣	A	A	A	A	A	
2474 可成	ROE	24	18.42	20.43	21.07	23.75	
	每股自由現金流	8.79	8.44	12.5	14.41	18.32	7.26
	獲利矩陣	A	A	A	A	A	
2912 統一超	ROE	30.07	27.93	35.79	35.47	30.76	
	每股自由現金流	10.87	10.17	8.12	8.74	8.62	29.63
	獲利矩陣	A	A	A	A	A	
2395 研華	ROE	24.36	20.89	22.22	23.51	22.3	
	每股自由現金流	1.6	6.73	3.98	5.02	6.74	30.53
	獲利矩陣	A	A	A	A	A	
1476 儒鴻	ROE	29.15	32.51	37.3	34.15	39.28	
	每股自由現金流	2.23	3.07	3.35	5.72	14.87	26.23
	獲利矩陣	A	A	A	A	A	

公司名稱	評估指標	2011	2012	2013	2014	2015
2308 台達電	ROE	13.3	16.65	18.46	19.97	16.22
	每股自由現金流	-1.59	3.95	6.71	7.56	2.88
	獲利矩陣	C	A	A	A	A
3045 台灣大	ROE	26.99	30.73	27.23	24.88	24.54
	每股自由現金流	2.87	4.61	-5.13	2.54	3.11
	獲利矩陣	A	A	B1	A	A
4904 遠傳	ROE	12.2	14.55	16.13	15.65	15.78
	每股自由現金流	4.33	6.6	-5.69	3.35	2.51
	獲利矩陣	A	A	B1	A	A
2207 和泰車	ROE	25.59	25.79	23.7	25.94	25.06
	每股自由現金流	-6.13	-18.78	1.35	-13.75	5.28
	獲利矩陣	B1	B1	A	B1	A
2105 正新	ROE	17.63	27.81	26.21	19.19	14.38
	每股自由現金流	-9.05	1.03	4.96	4.25	4.42
	獲利矩陣	B1	A	A	A	B2

公司名稱	評估指標	2011	2012	2013	2014	2015
2317 鴻海	ROE	14.52	14.15	14.44	14.8	14.69
	每股自由現金流	1.41	12.18	10.58	8.68	11.29
	獲利矩陣	B2	A	A	A	A
2412 中華電	ROE	12.97	11.32	11.15	10.86	11.74
	每股自由現金流	5.45	6.07	3.37	5.67	5.91
	獲利矩陣	B2	B2	B2	B2	B2
2454 聯發科	ROE	11.94	10.65	14.82	20.95	10.42
	每股自由現金流	15.44	5.35	27.68	39.54	-5.98
	獲利矩陣	B2	B2	A	A	C
1216 統一	ROE	12.72	12.75	15.75	12.62	14.1
	每股自由現金流	1.15	2.1	-1.05	-0.28	4.42
	獲利矩陣	B2	B2	B1	B1	B2
2357 華碩	ROE	15.14	18.48	16.27	13.03	10.32
	每股自由現金流	15.6	25.68	43.34	34.52	-13.38
	獲利矩陣	A	A	A	B2	C

第2階段》挑出10檔個股分別製作「矩陣存股檢查表」

在第 1 階段的投資工作籃建立完成後，請抓出 10 檔你特別熟悉或者感興趣的個股，然後建立第 2 個 Excel 檔案，叫做「矩陣存股檢查表」；這個 Excel 檔案當中，需開立 10 張工作表，每張工作表獨立放置一檔個股的資料。

檢查表的功能就是找出個股的重點資料，主要內容是：「獲利矩陣、高登公式、歷史本益比、董監事持股」。「矩陣存股檢查表」以近 5 年的年度數據為基礎，須包含以下重要項目（表格範例請參考右頁圖）：

❶**獲利矩陣**：代表這檔股票的品質等級高低，項目包含股東權益報酬率（ROE）、每股自由現金流、獲利矩陣等級。

❷**高登公式**：代表長期投資可獲得的報酬率，項目包含高登公式報酬率、現金股利殖利率（Y）、保留盈餘成長率（G）。

❸**歷史本益比**：告訴我們個股是否被相對高估或低估，項目包含最高本益比（PE）、年均本益比、最低本益比。

❹**董監事持股**：告訴我們老闆的持股狀態，項目包含董監事持股比重、董監事質押比。

當你完成 10 檔個股的檢查表之後，就可以進行到下一階段。

	台積電（2330）矩陣存股檢查表				
年度／季度	2011	2012	2013	2014	2015
ROE（%）	22.21	24.52	23.94	27.85	27.02
❶ 每股自由現金流（元）	2.51	0.6	2.56	5.36	12.06
獲利矩陣等級	A	A	A	A	A
高登公式報酬率（%）	16.74	14.64	16.94	18.09	18.73
❷ 現金股利殖利率Y（%）	4.48	3.51	3.37	3.26	4.21
保留盈餘成長率G（%）	12.26	11.13	13.57	14.83	14.41
最高PE（倍）	15.1	15.5	16.0	13.9	13.1
❸ 年均PE（倍）	13.9	13.1	14.3	12.1	11.8
最低PE（倍）	12.0	11.5	12.8	9.9	9.5
❹ 董監事持股比重（%）	7.13	7.12	7.11	7	7
董監事質押比（%）	0	0	0	0	0

台積電／大立光／川湖／皇田／廣隆／豐泰

建立一個「矩陣存股檢查表」檔案，並為每一檔個股分別建立工作表、獨立放置各檔個股的資料

第3階段》蒐集公司資料，彙整成個人報告

當你完成「矩陣存股檢查表」之後，可能會對個股產生更多的好奇心和疑問；為了解決這些疑問，要先仔細蒐集各種資料，再將資料整理成一份個人報告。

資料來源可以有：網路新聞、雜誌報導、公司法說會簡報、網路上的高手寫的分析文等等。想要深入了解公司的營運狀況，還可以閱讀公司提供的年報；年報可於公開資訊觀測站免費下載，進入網站首頁後，點選「基

本資料」→「電子書」，輸入欲查詢個股代號及年度，即可查詢到。

年報資料較多，不大容易閱讀，新手投資人若有興趣學習如何看公司年報，可以翻閱《雷浩斯教你 6 步驟存好股》第 3 篇「質化分析尋找投資護城河」第 163 頁，閱讀「質化分析 7 大重點一次看完」文章。

第4階段》根據矩陣存股檢查表進行分析流程

接下來的篇章，我將介紹 6 檔個股分析的案例（詳見 4-2 ～ 4-7），為了讓讀者能充分練習，皆採用「矩陣存股檢查表」做主要分析流程，分析的步驟如下：

1. **獲利矩陣分析**：檢查矩陣的等級和維持的年數，並且進行 ROE 杜邦分析。
2. **高登公式分析**：分析公司的保留盈餘成長率（G）和現金股利殖利率（Y）。
3. **質化分析**：觀察公司營運和董監事持股比重、質押比的變化。
4. **歷史本益比分析**：研究歷史本益比區間，當作估價的參考。
5. **結論**：表達對公司的看法和風險思考。

範例分析將以「簡單」為主，我希望矩陣存股的投資人能在不需要太多

投資專業和特別資訊的情況下做好分析，期望讀者能以這些範本來練習，累積自己的經驗。

第5階段》將分析資料歸檔，建立決策資料庫

每完成一檔個股，請把它鍵入你的資料庫。當你寫第一檔研究標的的時候，可能會很花時間，甚至你可能會想：「一個時間不夠的防禦型投資人，為什麼要自己分析股票？」答案是：「只要你是價值投資者，你就必須要盡可能擁有分析的能力，無論你是防禦型或者專業型投資人；這樣當股票出現升級或降級等變化時，你將更有能力做出最正確的決策。」

獲利矩陣基本上是一種濾網，濾網就是讓使用者能快速看出個股的等級，但是並不代表「獲利矩陣」是萬無一失的指標。矩陣很像急診室用的檢查清單，快又清楚而且好用，但是當投資人有空的時候，還是要仔細分析個股才行，唯有如此才能打造出屬於你自己的個人投資護城河。

第6階段》持續精進分析能力，累積「知識複利」

成功投資者的祕訣就是獨立思考，獨立思考的基礎就是分析能力；如果你沒有分析能力，或者不做分析這項功課，那麼持股遇到利空消息或者股價下跌的時候，你會分不清楚是好公司遇到倒楣事的一時失誤？或是 A 級

公司跌到 C 級而一去不復返？無法獨立分析，只會落入人云亦云的下場，這無疑是你投資能力中的一大缺陷。

當你有辦法自己分析基本面之後，等於是幫助自己從防禦型投資人邁向專業投資人。我所有的投資學生裡面，績效最好的，都是不斷練習分析的人！他們甚至自行組織有規畫的讀書會，讀書會成員會每月自行排分組報告，每次聚會都有人上台報告；久而久之，每個人就會在腦袋中累積充沛的資料庫，隨著時間過去，進步幅度遠遠凌駕他人。

就算你沒有投資路上的良師益友，你也可以自己累積分析資料庫！花費的時間不需要很多，只要每週花 3 ～ 4 小時，每個月分析 1 檔 A 級股，1 年就有 12 檔 A 級股資料庫。累積的分析經驗愈多，你就能分析、整理和歸納出成功公司的相關型態。你開始有能力察覺一間公司的優點或者缺點，也能逐步判讀新聞中的利多和利空消息，這些分析成果就是你累積的「知識複利」，同時也是你身為價值投資者的競爭優勢。

就像巴菲特給「專業投資人」的建議：「如果你想以投資為業，每天看 500 頁財報，知識慢慢累積，會產生複利效果。」每天看 500 頁財報真的不容易，但是你可以從「矩陣存股檢查表」開始，也許一開始分析速度很慢，但是之後你會愈來愈專業，最後，你投資人生上的所有獲利，都會由此開啟。

4-2 分析案例1——台積電 連續14年維持A級 護城河超強大

晶圓代工龍頭台積電（2330）是台股權重最大的公司，被稱為「權王」；雖然它股本龐大，但這幾年股價仍然持續上漲，背後的原因，我們可用矩陣存股檢查表（詳見表1）來分析思考：

1.獲利矩陣分析》高獲利、低負債，穩定度高

從獲利矩陣等級來看，台積電從2011年到2015年來，5年都是A級。但是當我們回溯更多過去的歷史資料，發現它其實從2003年到2015年都是A級，推測2016年也會是A級，也就是連續維持了14年A級。矩陣等級的持續年度和穩定性，代表了護城河的強度，台積電維持了14年的A級，這說明了它的護城河強力無比。

從台積電2015年的ROE杜邦分析數據看來（詳見表2），稅後淨利率高達36.34%，顯示獲利能力非常高超，每100元營收可以淨賺

台積電的高登報酬率持續上升、本益比下降
——台積電（2330）矩陣存股檢查表

年度	2011	2012	2013	2014	2015
ROE（%）	22.21	24.52	23.94	27.85	27.02
每股自由現金流（元）	2.51	0.60	2.56	5.36	12.06
獲利矩陣等級	A	A	A	A	A
高登公式報酬率（%）	16.74	14.64	16.94	18.09	18.73
現金股利殖利率Y（%）	4.48	3.51	3.37	3.26	4.21
保留盈餘成長率G（%）	12.26	11.13	13.57	14.83	14.41
最高PE（倍）	15.1	15.5	16.0	13.9	13.1
年均PE（倍）	13.9	13.1	14.3	12.1	11.8
最低PE（倍）	12.0	11.5	12.8	9.9	9.5
董監事持股比重（%）	7.13	7.12	7.11	7.00	7.00
董監事質押比（%）	0	0	0	0	0

註：高登公式報酬率、董監事持股比重及質押比皆以當年度12月的資料為主
資料來源：證交所、公開資訊觀測站、雷浩斯價值投資網

2015年台積電稅後淨利率高達36.34%
——台積電（2330）杜邦分析

年度	2011	2012	2013	2014	2015
稅後淨利率（%）	31.48	32.78	31.49	34.58	36.34
總資產周轉率（次）	0.55	0.53	0.47	0.51	0.51
權益乘數（倍）	1.23	1.33	1.49	1.43	1.36
ROE（%）	22.21	24.52	23.94	27.85	27.02

資料來源：公開資訊觀測站

圖1 台積電保留盈餘成長率大於現金股利殖利率

——台積電（2330）高登報酬率、保留盈餘成長率、現金股利殖利率

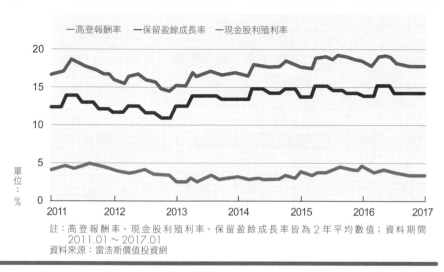

註：高登報酬率、現金股利殖利率、保留盈餘成長率皆為 2 年平均數值；資料期間
2011.01 ～ 2017.01
資料來源：雷浩斯價值投資網

36.34 元。同時，代表財務結構的權益乘數只有 1.36 倍，負債比只有
26.24%，顯示台積電這家公司是「高獲利、低負債」的類型。

2.高登公式分析》現金股利政策穩定，保留盈餘運用佳

台積電的高登公式報酬率（以下簡稱高登報酬率）5 年來數字愈來愈
好，2015 年高登報酬率為 18.73%，2017 年 1 月的最新數字也有將近

17.5% 的水準，超過標準值 10% ～ 15%。

台積電厲害的地方，在於兼顧股東的現金股利收益和公司的未來擴廠發展，所以公司的現金股利政策穩定，保留盈餘的運用也非常好。現金股利殖利率（Ｙ）約在 3% ～ 4% 左右，保留盈餘成長率（Ｇ）也維持在 14% 左右，Ｇ＞Ｙ，非常符合標準（詳見圖 1）。

3.質化分析》營收和獲利規模大，資本配置能力強

台積電 2015 年營收數字約 8,434 億元，稅後淨利約 3,065 億元；根據 2017 年最新資料，2016 年營收成長至 9,479 億元，稅後淨利 3,342 億元，營收和獲利的規模都相當驚人。

2016 年台積電在晶圓代工領域的市占率已經高達 59%，產業地位已不可撼動。由於晶圓代工是高資本支出型的公司，所以賺到的現金要不斷的擴廠，表現在資產負債表上面的固定資產會占很大的比重，現金占的比重則會較少。

如果看 2011 年的資產負債表，固定資產比重約 63%，現金約 18.5%。到了 2015 年底，固定資產比重降到 51%，現金提高到 34%。報表上現金的比重提高，而且都是投資廠房賺到的，這表示台積電的擴廠

計畫眼光相當精準，營運成果充分顯示了董事長張忠謀的資本配置能力。

董監事持股比重約7%，董監事質押比為0%，這兩個數字沒有任何問題。要特別説明的是台積電的董監事持股比重偏低，這對於一家擁有龐大市值的國際級企業來説是正常的，觀察它的外資持股比重高達79%（資料日期2017.02.24），不難看出外資法人對台積電的重視。

4.歷史本益比分析》股價上漲，本益比卻愈來愈低

從歷史本益比（PE）的高低區間看來，台積電的本益比區間落差都不會太大，實際上以近年趨勢來看，本益比數字是愈來愈低（詳見表1）；所以台積電股價看起來漲高了，實際上卻是相對便宜了。在2015年的最低PE竟然才9.5倍，可以説是被相對低估；一旦出現這種情況，是非常好的切入點。

5.結論》預料董事長退位前能維持優異經營成績

綜合矩陣分析的數據，台積電是一間非常不錯的A級股，也許有人會擔心張忠謀年事已高的問題；但是事實證明，張忠謀重掌台積電兵符之後，台積電的發展愈來愈強盛。有些人認為，存股要買傻瓜都能經營的公司才是有護城河的公司，這點我不認同；我認為護城河是人造的，是公司經營

者打造出來的，優秀的經營者每年都會打造更深的護城河，而投資人只要看公司的後續成果即可。

巴菲特說過，好的經營者非常少，因此好的經營者不該讓他太早退休，張忠謀驗證了這個論點，雖然他已經 86 歲了，但就我個人而言，我希望張忠謀身體健康、長命百歲，持續掌舵台積電；未來，若是謀老退位，就必須要重新仔細觀察公司的營運狀況。

分析案例2──大立光
4-3 技術領先優勢　創造超高毛利率

　　台股股王大立光（3008）在2017年2月10日創下4,810元的天價，為台股第1檔漲破4,000元的股王，和台積電被並稱為雙王。投資人最常遲疑的就是：「這種天價股票可以買嗎？」我們來進行矩陣存股檢查表分析（詳見表1）。

1.獲利矩陣分析》台股中極端少數的連16年A級公司

　　從獲利矩陣等級來看，大立光從2011年到2015年來，5年都是A級。回溯過去的年度歷史資料，發現它從2001年到2015年都是A級，推測2016年也會是A級，可以說是台股極端少數的連續16年A級公司，當真是數一數二的公司。該公司的矩陣表現不只驚人，近年ROE也持續在40%以上，超級優越。

　　從ROE杜邦分析來看，大立光屬於高獲利能力型，2015年的淨利率高

大立光高登報酬率高達34%，表現超優秀
——大立光（3008）矩陣存股檢查表

年度	2011	2012	2013	2014	2015
ROE（%）	28.72	26.07	35.95	50.72	44.09
每股自由現金流（元）	33.91	30.86	45.78	105.98	164.32
獲利矩陣等級	A	A	A	A	A
高登公式報酬率（%）	18.95	18.28	20.97	29.5	34.11
現金股利殖利率Y（%）	3.47	2.49	2.47	2.41	3.40
保留盈餘成長率G（%）	15.48	15.79	18.5	27.09	30.71
最高PE（倍）	25.9	21.6	17.4	17.0	20.6
年均PE（倍）	20.3	15.0	13.0	13.6	15.8
最低PE（倍）	12.0	10.8	9.5	7.6	11.4
董監事持股比重（%）	25.02	25.12	24.97	24.76	24.73
董監事質押比（%）	0	0	0	0	0

註：高登公式報酬率、董監事持股比重及質押比皆以當年度 12 月的資料為主
資料來源：證交所、公開資訊觀測站、雷浩斯價值投資網

2015年大立光的ROE、稅後淨利率皆逾4成
——大立光（3008）杜邦分析

年度	2011	2012	2013	2014	2015
稅後淨利率（%）	32.52	27.81	35.03	42.43	43.24
總資產周轉率（次）	0.64	0.64	0.71	0.75	0.67
權益乘數（倍）	1.26	1.36	1.27	1.32	1.32
ROE（%）	28.72	26.07	35.95	50.72	44.09

資料來源：公開資訊觀測站

/ ## 近2年大立光保留盈餘成長率高達30%左右
——大立光（3008）高登報酬率、保留盈餘成長率、現金股利殖利率

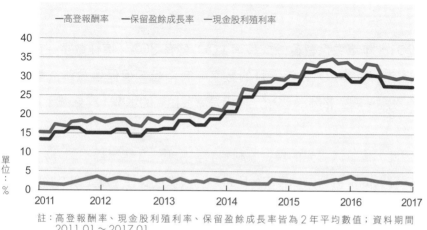

註：高登報酬率、現金股利殖利率、保留盈餘成長率皆為 2 年平均數值；資料期間
2011.01 ～ 2017.01
資料來源：雷浩斯價值投資網

達 43.24%，權益乘數只有 1.32 倍（詳見表 2），負債比率 24.53%，
同樣是高獲利、低負債的類型，和台積電很相似，我偏好的投資標的都有
這種特性。

2.高登公式分析》優異的保留盈餘成長率帶動股價成長

從高登公式報酬率的數字看來，大立光的表現非常優越，實際上是超乎

常人的優越，根據本書對於好公司的標準，高登公式報酬率的數字只要有10%～15%左右就算不錯了，而大立光的高登公式報酬率竟然高達30%以上。

2015年單看保留盈餘成長率（G）就有30%，這種數字在台股是絕無僅有；儘管2017年1月的數字略有降低，但保留盈餘成長率仍有27.78%，高登報酬率29.6%，仍是處在極高的水準（詳見圖1）。

因此，儘管大立光的現金股利殖利率偏低，5年來都不到5%，但是光憑其優秀的保留盈餘成長率，所帶動的股價成長性，就足以為投資人帶來巨大的報酬率。

3.質化分析》2016年第4季單季毛利率就高達7成

光學產業是極端困難的產業，大立光在此產業有強大的技術領先優勢，這個優勢會反映在毛利率上。大立光2015年營收約558億元，稅後淨利約241億元；再根據2017年已公布的資料，2016年營收雖然降低至483億元，年衰退13%，但是227億元的稅後淨利僅比2015年衰退不到6%，就是因為大立光的高毛利率。

我們可以從財報看到大立光的毛利率呈現成長趨勢，2013年之前還

不到 50%，2014 年及 2015 年分別達 53%、57%，2016 年竟高達
67%；其中，2016 年第 4 季的單季毛利率就高達 70%，代表 100 元的
營收當中，大立光扣除所有成本、費用、稅金後，可以淨賺 70 元，當真
是可怕至極。

大立光向來是以低調聞名的公司，每次法說會的時候都只說「比預期好
一點」或者「持平」等模糊的意見；但是當財報數字出現之後，往往表現
好到超乎預期，每次看到它的獲利數字，我都認為這間公司如同怪物一樣
驚人。而大立光的董監事持股比重 24.73%，質押比 0%，這樣的數字並
無異常。

4.歷史本益比》市場熱門操作標的，高低本益比相差1倍

大立光這類高價成長股只要市場新聞消息出現「成長不如預期」的消息，
經驗上股價都會從年度的高點下跌超過 40% ～ 50%；所以觀察 2011 ～
2015 年來的本益比，你會發現大立光最高本益比幾乎是最低本益比的 2
倍（詳見表 1）。這意味著，如果能買在年度低點的本益比，持有 1 年獲
利將近 100%。

操作這檔個股的時候，我通常是採取大盤年度低點的時候買入，投入大
多數的資金進行波段操作，獲利頗豐。

5.結論》只要獲利能力不變，就可在適當時機介入

　　台股歷年來都有股王魔咒，認為股王都是一代拳王，我一開始也這樣認為；不過當我讀完《非常潛力股》裡面的「找好股票的 15 個重點」這篇文章後，我按照要點找出最符合的股票就是大立光，同時它也是給我帶來最多獲利的股票。因此，我們持續觀察，只要是大立光的獲利能力沒有改變，我就會按照我的方法，在本益比低點時持有、本益比高點時賣出。

　　一般投資人如果買大立光肯定會因為股價波動而飽受心理影響，我認為一般投資人可以用零股來買，這樣的資金規模比較少，心情比較不會受影響。如果怕心理層面的問題影響判斷，我建議使用數位筆記 Evernote 來記錄每月新聞或者其他相關訊息，利用追蹤研究來提高自己的敏銳度，同時請閱讀《非常潛力股》這本經典著作，你會發現費雪的著作能幫助你解開不少疑惑。

4-4 分析案例3──川湖
分散客戶降低風險　長期穩健經營

　　川湖（2059）早期以製造家具及辦公室的五金配件起家，目前的主要產品是伺服器導軌。也許投資人會認為導軌這種產品沒什麼亮點，但是川湖的股價高達400元（2017年1、2月皆維持在400元之上），這家公司必定有可看之處，我們來看看以下的矩陣存股分析。

1.獲利矩陣分析》護城河穩定，擁有高淨利率

　　川湖從2002到2015年都是A級，根據2017年初公布的財報資料，2016年也是A級，合計連續15年皆為A級，所以是一間護城河持續穩定的公司，這種十多年A級的公司在台股真的不多。

　　以ROE杜邦分析來看（詳見表2），川湖2015年的稅後淨利率是42.75%，總資產周轉率0.49次，權益乘數1.15倍，負債比也只有12.69%，跟台積電（2330）、大立光（3008）相同，都是屬於高獲利

2015年川湖最低本益比超過15倍，股價已漲高
——川湖（2059）矩陣存股檢查表

年度	2011	2012	2013	2014	2015
ROE（%）	23.79	24.61	26.56	28.05	25.51
每股自由現金流（元）	8.17	8.85	18.12	18.98	22.61
獲利矩陣等級	A	A	A	A	A
高登公式報酬率（%）	13.22	15.67	14.97	16.49	16.34
現金股利殖利率Y（%）	4.09	3.40	2.54	2.54	2.61
保留盈餘成長率G（%）	9.13	12.27	12.43	13.95	13.73
最高PE（倍）	16.6	16.4	23.6	25.7	25.6
年均PE（倍）	13.6	14.6	16.5	20.3	21.4
最低PE（倍）	9.5	11.8	12.1	16.3	16.4
董監事持股比重（%）	25.31	25.27	23.18	23.15	17.35
董監事質押比（%）	0	0	0	0	0

註：高登公式報酬率、董監事持股比重及質押比皆以當年度12月的資料為主
資料來源：證交所、公開資訊觀測站、雷浩斯價值投資網

川湖稅後淨利率高達42.75%，獲利能力強
——川湖（2059）杜邦分析

年度	2011	2012	2013	2014	2015
稅後淨利率（%）	34.31	29.47	37.03	42.24	42.75
總資產周轉率（次）	0.45	0.57	0.52	0.51	0.49
權益乘數（倍）	1.47	1.37	1.22	1.20	1.15
ROE（%）	23.79	24.61	26.56	28.05	25.51

資料來源：公開資訊觀測站

圖1 / 川湖保留盈餘成長率大於現金股利殖利率
——川湖（2059）高登報酬率、保留盈餘成長率、現金股利殖利率

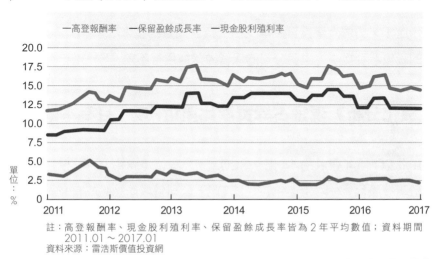

註：高登報酬率、現金股利殖利率、保留盈餘成長率皆為 2 年平均數值；資料期間
　　2011.01 ～ 2017.01
資料來源：雷浩斯價值投資網

能力、低負債的類型。

2.高登公式分析》現金股利殖利率偏低，保留盈餘運用佳

　　觀察川湖的高登公式報酬率，2015 年到 2017 年 1 月約為 13% ～
16%，相當不錯；其中，保留盈餘成長率（G）約為 11% ～ 13%，現金
股利殖利率（Y）則不到 3%，G ＞ Y（詳見圖 1）。川湖這 5 年的現金股

利發放率約 50% 左右，賺到的錢發一半給股東，剩下則作為保留盈餘。

如果仔細看川湖過去的財報，會發現它在 2008 年～ 2010 年金融海嘯的慘澹年，勇敢大舉投資資本支出，這些成效到後來讓它 2013 ～ 2015 年的稅後淨利提高，證明公司的保留盈餘運用得不差。

3.質化分析》現金占總資產比重近7成，且為本業所賺

川湖2015年營收約44億9,800萬元，稅後淨利約19億2,000萬元，董監事持股比重 17.35%，質押比 0%。公司營收產品組成有 90% 以上都是導軌，主要應用在兩大塊──「伺服器導軌」、「廚具導軌」。

川湖很清楚自己是中小企業，中小企業的營運風險就是客戶太過集中，所以川湖重視的是分散客戶，在分散的過程中，還能維持高毛利率，是因為它們對自己的專利和自動化很有信心。

被股神巴菲特（Warren Buffett）列為推薦書單、剖析 8 家傑出企業經營者管理法則的書籍《Outsiders：非典型經營者的成功法則》裡面說：「觀察公司營運的 2 大重點，就是該公司的獲利能力和資本配置的能力。」以這個標準來檢視川湖，稅後淨利比率高、資本支出的眼光正確、保留盈餘成長率表現良好，綜合起來表現在財報上的成果就非常穩健。2015 年底

帳上現金占總資產 68.6%，而且都是本業賺來的，說這家公司「在現金中游泳」並不為過。

4.歷史本益比分析》受市場認同，歷史本益比愈墊愈高

川湖的歷史本益比愈墊愈高，顯示它被市場的矚目程度也愈來愈高，對於想買入的投資人來說真是個困擾。在 2011 年時，最低本益比曾有 10 倍以下，2012 年及 2013 年也有出現過最低 12 倍左右的本益比；然而 2014 ～ 2015 年最低本益比墊高到 16 倍之上，年均本益比也來到 20 ～ 21 倍左右（詳見表 1）。

而根據我的習慣，只要本益比高於 15 倍我就不會考慮買入，而我在 2012 ～ 2013 年錯過了買進時機後，截至 2017 年初我都還沒有遇到適合買進的機會。

5.結論》觀察其成長性，等待時機買入

在 2011 年初次研究這家公司後，我就知道這是一家值得投資的好公司；2012 年底時曾與投資同好討論到這檔股票，當時我是希望能在 120 ～ 140 元買入（當時約設定在 13 倍本益比以下買入），但是股價一直沒有跌到我設定的目標區間，所以一直沒買。後來眼睜睜的看它獲利連年提升、

股價也持續上漲,錯失了一大段漲幅。

　我在本書的 3-5 和 3-8 強調:「不要對買進價位斤斤計較」,儘管當初看好川湖的獲利成長性,但是在估價時過於嚴格,而沒有買到這檔超級成長股,此為本人在川湖這檔股票的教訓之一;未來將持續觀察該公司,希望能夠在適當的時機切入。

4-5 分析案例4——皇田
全球市占第2高 營運體質優秀

　　皇田（9951）是製造車用窗簾的公司，1983 年成立於台南。2011 ～ 2012 年皇田的股價只有 30 元上下，進入 2016 年之後，股價居然漲到 160 元之上，最高甚至超過 200 元！而且這家公司 2008 年還曾經陷入虧損，我們來看看皇田的矩陣存股檢查表分析。

1.獲利矩陣分析》獲利能力強、中度周轉、中度負債

　　皇田從 2003 年到 2015 年間，除了 2008 年因為外匯選擇權的不當操作導致虧損，矩陣等級落為 D 級之外，其他年度都是 A 級。根據本文截稿時所獲得的最新資料，截至 2016 年第 3 季的近 4 季數據也是 A 級，推測 2016 全年度也會是 A 級的表現。

　　觀察 ROE 杜邦分析，皇田 2011 到 2015 年的稅後淨利率約在 14% ～ 19% 左右。以 2015 年而言，稅後淨利率是 17.64%，總資產周

2014年起皇田最高本益比提升到20倍以上
——皇田（9951）矩陣存股檢查表

年度	2011	2012	2013	2014	2015
ROE（%）	29.17	29.19	38.13	34.35	33.91
每股自由現金流（元）	1.00	4.57	0.81	2.58	5.98
獲利矩陣等級	A	A	A	A	A
高登公式報酬率（%）	17.92	19.31	17.68	16.29	15.49
現金股利殖利率Y（%）	10.04	6.24	3.76	5.45	3.86
保留盈餘成長率G（%）	7.88	13.07	13.92	10.84	11.63
最高PE（倍）	8.5	9.7	17.7	20.7	21.8
年均PE（倍）	7.2	7.7	10.4	15.9	15.6
最低PE（倍）	5.9	5.8	5.8	10.9	12.0
董監事持股比重（%）	33.23	24.27	24.31	23.57	35.32
董監事質押比（%）	0	0	27.46	16.99	12.85

註：高登公式報酬率、董監事持股比重及質押比皆以當年度 12 月的資料為主
資料來源：證交所、公開資訊觀測站、雷浩斯價值投資網

 2011～2015年皇田稅後淨利率在14%～19%
——皇田（9951）杜邦分析

年度	2011	2012	2013	2014	2015
稅後淨利率（%）	14.84	15.47	19.59	18.8	17.64
總資產周轉率（次）	0.98	1.03	0.86	0.87	0.94
權益乘數（倍）	1.87	1.75	1.96	1.97	1.94
ROE（%）	29.17	29.19	38.13	34.35	33.91

資料來源：公開資訊觀測站

2017年1月皇田高登報酬率約為16%
——皇田（9951）高登報酬率、保留盈餘成長率、現金股利殖利率

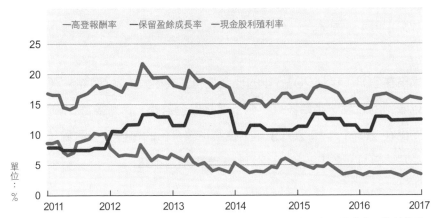

註：高登報酬率、現金股利殖利率、保留盈餘成長率皆為 2 年平均數值；資料期間
　　2011.01 ～ 2017.01
資料來源：雷浩斯價值投資網

轉率 0.94 次，權益乘數 1.94 倍（詳見表 2），負債比是 48.36%，其中需承擔利息壓力的長短期負債比為 23.26%，並不嚴重。整體而言，皇田是屬於高獲利能力、中周轉率、中度負債的類型。

2.高登公式分析》2012年以後保留盈餘成長率提升

皇田的高登公式報酬率，2011 年以來約在 16% ～ 20%，相當不錯。

保留盈餘成長率（G）在 2011 年約 7% ～ 8%，2012 年之後明顯升高，2015 年到 2017 年 1 月都在 12% 左右，相較於 2011 年有明顯提升。現金股利殖利率（Y）則從 2011 年約 8%，逐漸降低到 5% 之下，自從 2013 年以來都是 G > Y。

　　皇田在 2011 年到 2015 年的現金股利發放率大約是 60% ～ 70% 左右，所以賺到的錢發一半給股東，剩下都是保留盈餘。保留盈餘比較大筆的投資支出在 2011 年和 2013 年，後續也讓皇田的每股稅後盈餘（EPS）持續成長，2015 年 EPS 是 8.77 元，表現相當不錯。

3.質化分析》2008年曾遇倒楣事，卻未影響本業營運

　　皇田 2015 年時營收約 37 億元，稅後淨利約 6 億 5,000 萬元，董監事持股比重 35.32%、質押比 12.85%。公司營收產品組成主要是車用窗簾，占營收 96%。皇田公司雖然也是中小企業，但是它卻有能耐拿下 BMW 等頂級房車品牌的訂單，並且達到世界市占率第 2 高的成績，公司的研發能力相當不凡。

　　皇田是本書矩陣存股分析案例中，唯一董監事質押比不為 0 的公司。這是因為皇田在 2008 年 12 月的時候操作外匯選擇權虧了一大筆，嚴重至極，使當年度的 EPS 變成 -5.81 元。之後在銀行的支持下，由背光

模組廠大億科（8107）入股私募而度過難關，大億科因此有持股皇田達19.29%。

大億科原本是車燈大廠大億（1521）旗下的轉投資公司，但是大億科公司本身體質不強，公司的現金多靠皇田的現金股利流入和銀行借款，所以皇田帳面上的董監事質押比也是大億科質押的。這種狀況的質押，不會影響到皇田公司的營運，因此可以不用特別在意。

皇田在 2008 年遇到的外匯選擇權虧損，可以歸類為好公司遇到倒楣事的狀況，但是如果不仔細分析，一般投資人很難分辨當中的原因。此案例可供學習的觀察重點有 3 點：

1. 外匯選擇權虧損是業外損失，並非本業獲利出問題。
2. 當年的虧損雖大，但是老闆本身持股沒有鬆動，同時透過人脈讓公司手上有足以面對危機的資金。
3. 隔年（2009 年）的營收沒有掉太多，可持續評估這家公司的營運是否正常。

評估一間公司底子深厚與否，重點在於它是否會因為一次事件而被打倒在地？皇田在經歷 2008 年事件之後，2009 年立刻回到 A 級，2010 年也繼續維持 A 級成績，可說是硬底子的公司。

4.歷史本益比分析》2014年起本益比拉高、股價偏貴

皇田的股價過去一直被低估，所以本益比常常處在偏低的狀態。2014年開始，最高本益比開始提升到 20 倍以上（詳見表 1），代表市場認同度開始升高。

在 2015 年時曾經出現過最低本益比 12 倍的低點，不過到了 2016 年，最低本益比提高到 15 倍左右，股價已經偏貴，若有機會降低到 15 倍本益比以下，將是很好的買進時機。

5.結論》研發能力強的好公司，但股價不夠吸引人

皇田的汽車窗簾銷售區域遍布歐洲、美國、紐澳等，受到頂級車廠品牌的青睞，在全球的市占率拿下第 2 名的優異成績，稅後淨利率、ROE 數據都十分優秀，可說是具備強大的護城河。

近年來因為 EPS 的提升（2009 年為 2.36 元，而後年年升高，2015年達 8.77 元），以及市場給的本益比提高，連帶使股價水漲船高，投資人若能在 2011 年～ 2012 年買進，到 2016 年為止，已能享有大幅獲利。整體而言皇田是一家相當優秀的公司，只是股價已經太貴，建議可等待適當的時機再布局。

延伸思考》若與川湖一同比較，以川湖較優

讀者可以將皇田和川湖（2059）當作比較的練習，這兩間公司 2015 年營收都在 37 億～ 45 億元之間，但是 2015 年川湖的稅後淨利約 19 億 2,000 萬元，皇田的稅後淨利約 6 億 5,000 萬元。而川湖的負債低，只有 12.69%，皇田負債略高，是 48.36%，不管是獲利能力或負債狀況，都以川湖較為優秀。

所以當你觀察這兩間公司的 2015 年最高和最低本益比區間，就會發現川湖的最高本益比是 25.6 倍，最低本益比是 16.4 倍；皇田的最高本益比是 21.8 倍，最低本益比是 12 倍，很明顯的，川湖的市場評價比較高。

當投資策略是二選一的狀況，我會選擇川湖。如果兩檔都買，就算川湖貴一點，剛好 14 ～ 15 倍本益比，我也願意買入；皇田則需要一點安全邊際，低於 15 倍比較好。

4-6

分析案例5——廣隆
鉛酸電池大廠 獲利穩紮穩打

　　廣隆（1537）是我在 2013 年左右，尋找「越南概念股」時發現的公司。廣隆成立於 1990 年，主要生產鉛酸蓄電池；傳統機車所使用的「電瓶」就是鉛酸蓄電池，另外也應用在 UPS 不斷電系統、汽車、電動車、醫療器材、通訊設備等產品，是高度成熟產業。

　　廣隆是台灣公司，但是生產重心在越南，早在 1996 年就在越南設立工廠。這家公司和其他優秀公司相比，知名度相對低，這點反倒讓我非常滿意，我們來看看它的矩陣存股分析。

1.獲利矩陣分析》中度獲利能力，負債比重低

　　廣隆在 2006 ～ 2008 年的獲利矩陣等級都還是 B ～ C 級以下，2009 年正式晉升到 A 級且持續到 2015 年，連續 7 年都維持 A 級；2016 年目前看來也是 A 級，合計連續 8 年為 A，也就是年年都能維持

表1 ／ 廣隆2013～2015年本益比有逐漸墊高的趨勢
——廣隆（1537）矩陣存股檢查表

年度	2011	2012	2013	2014	2015
ROE（%）	15.32	27.07	22.07	23.1	24.57
每股自由現金流（元）	4.44	2.23	8.02	4.94	13.07
獲利矩陣等級	A	A	A	A	A
高登公式報酬率（%）	16.46	14.65	14.78	11.21	10.53
現金股利殖利率Y（%）	8.66	6.73	7.26	6.63	5.92
保留盈餘成長率G（%）	7.80	7.92	7.52	4.58	4.61
最高PE（倍）	17.2	8.2	12.7	14.2	17.5
年均PE（倍）	13.2	6.8	10.4	12.0	13.1
最低PE（倍）	8.8	5.3	8.2	9.2	9.8
董監事持股比重（%）	18.53	16.91	18.14	18.12	18.10
董監事質押比（%）	0	0	0	0	0

註：高登公式報酬率、董監事持股比重及質押比皆以當年度 12 月的資料為主
資料來源：證交所、公開資訊觀測站、雷浩斯價值投資網

15% 以上的 ROE，自由現金流也維持正值，表現優異。

　廣隆的 ROE 在 2011 年為 15.32%，2012 年就躍升到 27.07%。觀察這 5 年來的杜邦分析（詳見表 2），ROE 躍升是因為淨利率的提升，2011 年僅有 6.71%，2012 年就提高到 10.66%，2015 年則為 11.54%。這樣的獲利能力屬於中獲利能力，表現不差。

2011～2012年廣隆的稅後淨利率帶動ROE躍升
——廣隆（1537）杜邦分析

年度	2011	2012	2013	2014	2015
稅後淨利率（%）	6.71	10.66	10.17	10.00	11.54
總資產周轉率（次）	1.55	1.63	1.43	1.59	1.51
權益乘數（倍）	1.45	1.45	1.44	1.37	1.35
ROE（%）	15.32	27.07	22.07	23.10	24.57

資料來源：公開資訊觀測站

廣隆高登報酬率下滑，2016年底約在10%上下
——廣隆（1537）高登報酬率、保留盈餘成長率、現金股利殖利率

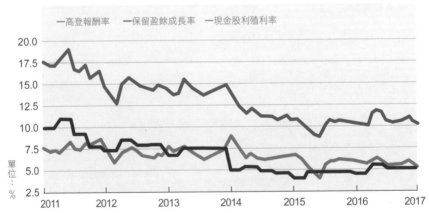

註：高登報酬率、現金股利殖利率、保留盈餘成長率皆為2年平均數值；資料期間
　　2011.01～2017.01
資料來源：雷浩斯價值投資網

5 年來的總資產周轉率與權益乘數則沒有太大改變;其中,權益乘數約維持在 1.35 ～ 1.45 倍,負債比重則從 31% 左右降低到 26% 左右,負債程度算是相對低。

2.高登公式分析》屬成熟產業,保留盈餘成長率相對弱

廣隆的高登公式報酬率,從 2014 年來約只有 10% 左右,保留盈餘成長率(G)小於現金殖利率(Y)。相對於前幾章介紹的台積電、大立光等公司,廣隆的保留盈餘成長力道較弱,2014 年以來僅約 5% 上下(詳見圖 1);主要是因為鉛酸電池是傳統產業,不需太高的技術門檻,所以也不會使用到太多的保留盈餘,可以看到廣隆的現金股利給得比較大方。

公司主要生產廠房都在越南,早期切入越南的時候,就已經取得足夠的土地,取得成本也低廉,再加上公司營運穩健,因此即使需要擴廠,也不需要再大手筆買地,公司營運所留下來的保留盈餘已經很夠用。

3.質化分析》越南設廠具成本優勢,不怕紅色供應鏈競爭

廣隆是東南亞產能最大的 UPS 電池廠商,在台灣的部分是營運中心,主要廠房生產地點在越南南部、貼近胡志明市的隆安省。2015 年營收約新台幣 69 億 4,000 萬元,其中占營收比重最大的產品是 UPS 不斷電系統

用電池，占營收 75% 左右。2015 年稅後淨利約 8 億元，董監事持股比重 18.1%、質押比為 0%。你可能很好奇，既然鉛酸蓄電池是高度成熟的產業，為什麼沒被鋰電池等新科技取代？其實，鉛酸蓄電池還是有其優勢，除了價格比鋰電池低廉許多，安全性也比鋰電池來得高，對於客戶來說仍是一個划算的選項。

傳統產業通常走向大者恆大的趨勢，既然如此為什麼沒被中國的紅色供應鏈所影響？因為中國環保政策趨嚴，2006 年將鉛酸蓄電池出口退稅由原本 13% 降至 0%，2011 年還發布了「鉛酸蓄電池進入條款」，使得不符合環保規範的工廠紛紛關閉，這兩項措施已經使中國廠商產能大減；生產主力在越南的廣隆，具備生產成本低廉的優勢，也就不必擔心來自中國廠商的削價競爭。

到了 2016 年，中國又針對電池塗料徵收消費稅 4%，為中國的鉛酸蓄電池廠帶來不少成本負擔。此外，UPS 不斷電系統通常作為工業用途，鉛酸蓄電池不管是通路販售和客戶產品認證都需要時間，但認證通過後，客戶不易更換供應商，也帶給廣隆足夠的競爭優勢。

4.歷史本益比分析》本益比逐漸墊高，成交量偏低

觀察 2011 年到 2015 年的廣隆歷史本益比，最高本益比及最低本益

比幾乎都落差 1 倍;2013 ～ 2015 年的本益比有逐漸墊高的趨勢(詳見表 1)。每日成交量則是偏低,大約只有幾百張。

投資人若有興趣,可保持關注廣隆的每股稅後盈餘(EPS),追蹤股價的本益比變化,在趨近每年最低本益比的時候考慮切入。

5.結論》在越南已是資深台商,管理有過人之處

廣隆的產品雖然屬於傳統產業,但是這家公司本身有許多過人之處。除了前文敘述的競爭優勢之外,像是在管理方面,越南人民好面子、勞工意識強烈,因此在越南的管理方面,有許多眉角和文化差異要處理。廣隆的台幹都有越南話對話的能力,並且也有越南當地人擔任管理階層,較沒有勞資衝突的問題,累積的經驗和管理能量都不差。

另外,大眾對「鉛有毒」這點很有疑慮,廣隆也在環保方面下足工夫,像是所有工廠用水都經過收集處理,在生產、清運廢鉛等環節都配合法規標準。整體而言,廣隆是一家很不錯的公司,也一直在我的存股名單內,近年因為資金主要配置在其他成長型股票,因此這檔股票我只有少量持有。若未來打算加碼,我也會選擇在本益比相對低點時買進。

分析案例6──豐泰
Nike代工夥伴 面臨自動化變局

豐泰（9910）與寶成（9904）、鈺齊-KY（9802）並列為「製鞋三雄」，豐泰絕大多數的訂單是來自運動鞋品牌Nike，但它卻是一家相當低調的公司。

當初會注意到這家公司，是看到我的記者朋友在個人的Facebook上發表了採訪公司老闆的心得，他說這是近期遇到最值得一書的企業。以這位記者朋友之見多識廣、訪問過商界許多成功人士，看到他的心得評語，使我不得不開始認真研究。一起來看看豐泰的矩陣存股分析。

1.獲利矩陣分析》製鞋三雄中表現最佳，獲利逐年改善

豐泰從2001到2005年都是A級，但是2006到2008年營運表現較差，一度降級到C；不過2009年到2015年又再度回到A級，目前預估2016年也是A級，即為連續8年A級，是相當不錯的公司。

表1 **2013～2015年豐泰本益比有愈墊愈高的趨勢**
——豐泰（9910）矩陣存股檢查表

年度	2011	2012	2013	2014	2015
ROE（%）	15.48	18.94	23.77	29.06	34.16
每股自由現金流（元）	1.93	5.09	5.85	4.71	6.33
獲利矩陣等級	A	A	A	A	A
高登公式報酬率（%）	10.73	9.16	7.56	8.92	10.93
現金股利殖利率Y（%）	5.62	4.58	3.33	3.62	2.61
保留盈餘成長率G（%）	5.11	4.58	4.23	5.3	8.32
最高PE（倍）	12.4	11.6	20.1	18.6	29.8
年均PE（倍）	10.6	9.8	14.3	15.9	23.5
最低PE（倍）	8.8	8.5	8.6	12.1	12.9
董監事持股比重（%）	31.44	29.49	29.40	29.40	29.33
董監事質押比（%）	0	0	0	0	0

註：高登公式報酬率、董監事持股比重及質押比皆以當年度12月的資料為主
資料來源：證交所、公開資訊觀測站、雷浩斯價值投資網

製鞋三雄另外兩間公司的矩陣等級都比它差，若只看2011年到2015年這5年，寶成有3年為B2級、2年為C級以下，鈺齊-KY則都是C級以下；很明顯的，豐泰表現較佳。

豐泰2011年到2015年的ROE逐年提升，2011年15.48%，2015年衝高到34.16%；觀察杜邦分析的結果，總資產周轉率和權益乘

表2 / **豐泰ROE逐年升高，2015年衝到34.16%**
——豐泰（9910）杜邦分析

年度	2011	2012	2013	2014	2015
稅後淨利率（%）	4.56	5.61	6.88	7.22	8.35
總資產周轉率（次）	1.64	1.73	1.77	1.88	1.94
權益乘數（倍）	2.01	1.96	1.91	2.04	1.93
ROE（%）	15.48	18.94	23.77	29.06	34.16

資料來源：公開資訊觀測站

 圖1 / **豐泰保留盈餘成長率偏弱，2015年後有提升趨勢**
——豐泰（9910）高登報酬率、保留盈餘成長率、現金股利殖利率

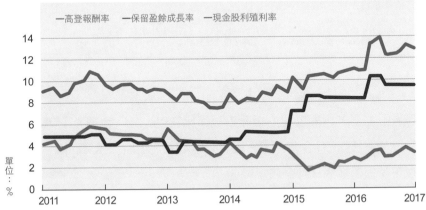

註：高登報酬率、現金股利殖利率、保留盈餘成長率皆為2年平均數值；資料期間
2011.01～2017.01
資料來源：雷浩斯價值投資網

數沒有太大改變，稅後淨利率則從 2011 年的 4.56% 提升到 2015 年的 8.35%，可見獲利能力的改善是帶動 ROE 升高的關鍵（詳見表 2）。

豐泰的總資產周轉率從 2011 年的 1.64 次，略微提高到 2015 年的 1.94 次；這樣的數字代表這家公司比較偏向低周轉率的類型；鞋廠代工不容易有差異化，這數據很符合其產業現況。

5 年來，豐泰的權益乘數則為 2 倍上下，負債比約在 50% 左右，若只看具有利息壓力的長短期金融負債比則不到 30%，負債也不算高。

2.高登公式分析》發放股票股利，保留盈餘成長率偏弱

從高登公式報酬率來看，豐泰 2011 ～ 2015 年約在及格的 10% 左右，2016 ～ 2017 年初略微提升到 12% ～ 13%。

豐泰的高登報酬率和其他 A 級公司比起來，表現偏弱，主要是豐泰這幾年都有發出股票股利，導致股本膨脹，這種情況會讓保留盈餘成長率（G）數字轉弱。

但是豐泰的保留盈餘成長率在 2015 年後有向上的趨勢（詳見圖 1），如果豐泰不發股票股利，那麼 G 的表現可能會更好。整體看來，G 的數

字大於現金股利殖利率（Y），仍然表現不錯。

3.質化分析》與Nike互相投資，客戶高度集中

豐泰董監事持股 29%，質押比為 0%，公司經營階層的持股狀態沒有問題。營運規模方面，2015 年營收 558 億元，稅後淨利 46 億元，介於寶成和鈺齊 -KY 之間（寶成 2015 年營收約 2,690 億元、稅後淨利約 166 億元；鈺齊 -KY2015 年營收約 90 億元、稅後淨利約 1 億元）。

製鞋類是封閉產業，台灣鞋廠不少，但是掛牌上市的鞋廠卻只有 3 家，代表這個行業不需要和資本市場打交道，資訊也很封閉。所幸能和友人閒聊，取得豐泰的資訊；聽完後，我感覺公司本身的管理能力很好，印象特別深刻的是，該公司的越南廠沒有大陸幹部，台灣幹部的人數也不多，大多數的管理階層從越南當地基層做起，因此 2014 年發生越南排華運動的時候，豐泰全身而退。

這點讓我想到菲利浦·費雪（Philip Fisher）在《非常潛力股》所寫到關於「找好股票的 15 要點」之 7:「這家公司的勞資和人事關係是不是很好？」看來豐泰做得不錯。

客戶方面，Nike 是豐泰最大的客戶，大抵而言，客戶集中度這麼高，

會是一種風險，因為一旦客戶轉單，公司的營收就會大幅度下滑；豐泰董事長王秋雄也被別人質問：「你台大商學院畢業的，難道不知道雞蛋不能放同一個籃子？」其實，Nike 和豐泰關係良好，兩者合作設立研發中心，等於是互相投資，這種情況，比較不會像電子產業容易受到紅色供應鏈的轉單影響。

4.歷史本益比分析》低本益比切入，以保留安全邊際

2013 ～ 2015 年豐泰的本益比有愈墊愈高的趨勢，表示市場開始關注它了。但來到 2016 年，自動化議題（機器人代工恐成人工為主代工廠的競爭對手）以及川普（Donald Trump）當選美國總統（當時川普宣示退出跨太平洋夥伴協定 TPP，將使越南輸美產品恐無法享受關稅優惠），可能讓市場開始對越南概念股產生疑慮，股價開始下滑。在思考未來的切入點時，最好把本益比設定低一點，比較有安全邊際。

5.結論》可關注公司對於自動化競爭的應變

豐泰是一家好公司，但是不代表沒有營運風險，最主要的風險來自於快時尚下的自動化生產。過去，自動化產業製造的產品，主要都是「硬」的標準化元件，像是鞋子這類「軟」的物件、需要人工處理的商品，很難自動化。

但是，Nike、Adidas 雙雙在 2016 年開始透過自動化生產方式量產商品；Nike 向電子代工廠下訂單，使用機器人製造運動鞋，Adidas 也開始設立自動化產線。這代表傳統的代工鞋廠遇到了新的競爭對手，如果不跟上這波自動化浪潮，很可能面臨被其他機器人工廠取代的危險。

為了解更多這方面的資訊，我曾去參加 ITIS（產業技術知識服務計畫，由經濟部整合而成的產業知識服務平台）的研討會，發現大多數企業老闆對於被稱為「工業 4.0」的自動化時代認知提升後，反倒降低了投入工業 4.0 的興趣，主因是難度太高，以及相關人才不足。但我認為，重視人才培育的豐泰，如果要轉型為自動化公司，應該最有可能成功。董事長王秋雄雖然年紀大了，但是公司已經逐步交班給第二代的總經理王建弘，接班風險應該不大，同時對於自動化的思考應該也會較有敏銳度，有興趣的投資人也可以關注公司後續將如何應變。

NOTE

矩陣式存股法重點總複習

Chapter 1 建立良好觀念　投資事半功倍

◎找到適合自己的投資組合

1. 一般投資人的難題是：時間不夠、資金不夠，知識不足。要克服此難題可以採用指數型投資，但是指數型投資的缺點是權值股占比過高、成分股營運表現不一。

2. 如果你想自己選股並且勝過指數型投資，就要仿效指數的優點、克服指數的缺點。

3. 「矩陣式存股法」採用價值投資的防禦型投資法，持有 A 級股，分散投資，買入要有安全邊際。

Chapter 2 觀察獲利矩陣　快篩好股清單

◎矩陣式存股法的選股原則

1. 矩陣式存股法的重點就是「獲利能力矩陣」，使用「股東權益報酬率（ROE）」和「自由現金流」這兩個指標作為參數，將個股分出 7 個

等級，其中，A級是最好的，B1級、B2級可納入備取，C級列入觀察，C級以下不考慮。

2. 長期持有 A 級股的報酬率會勝過持有 B 級股和 C 級股。

3. 找 A 級股可以從指數成分股、程式篩選和雜誌尋找。

◎同時持有10～20檔A級股，不會降低報酬率

1. 當投資組合中 10 檔都是 A 級股，報酬率一定勝過 10 檔 C 級股。投資組合即使分散至 20 檔 A 級股，報酬率也不會下滑，風險卻能夠降低。

2. 分散投資的迷思是分散會降低風險，也會降低報酬。但是實際上分散在 C 級股風險還是很高，分散在 A 級股報酬不會降低。

3. 分散持有 A 級股是為了透過 80 ／ 20 法則，使投資組合中納入超級績效組。

◎留意A級股的等級變化，避開降級轉壞的公司

1.A 級公司能維持等級通常是稅後淨利率高，長短期金融負債比低。

2.A 級股有可能降級，例如 2006 ～ 2010 年 88 檔 A 級股票，隔年維持A～B1級機率68.18%，降到B2機率22.73%，降到C級9.09%。

3. 降級股的特色是近 4 季 ROE 下滑、現金股利減少。

4. 投資人要避開董監事質押比高的公司。

Chapter 3 選對買賣時機 讓獲利極大化

◎從大盤位置評估切入時機

1. 矩陣式存股法要在大盤相對低點時買進，要了解相對高低點可以用表格記錄歷年資料。

2. 切記不要在相對高點買入股票。

3. 低接原則是採分批買入。不要急著投入，保留部分子彈做好資金控管。

4. 通貨膨脹才是你真正的敵人，比股市崩盤還可怕。崩盤能帶來低成本的買點，通膨只會降低你的購買力。

◎買進前用「高登公式」快速觀察公司用錢能力

1. 高登公式分成「現金股利殖利率」和「保留盈餘成長率」，老闆如果用錢能力好，保留盈餘成長率就佳。

2. 獲利矩陣 A 級成長股的保留盈餘成長率大過現金股利殖利率，如大立光（3008）和台積電（2330）。

3. 獲利矩陣 B2 級成熟股的保留盈餘成長率小於現金股利殖利率，但是穩定，如中華電（2412）。

4. 如果保留盈餘成長率一直下滑，代表可能降級，如德律（3030）。

5. 如果保留盈餘成長率是負的，就算現金股利殖利率為正也不要買，不然會賺了股息、賠了價差。

◎從歷史本益比評估個股買點

1. 用本益比評估買點的時候，需要了解公司歷年最高本益比、最低本益比、年均本益比，理想的買點是「低於年均本益比，但是貼近最低本益比」。

2. 看年度每股稅後盈餘（EPS）會產生時間落差，改用「近 4 季 EPS」並且求出歷史本益比高低點，會比較貼近實務。

3. 如果你買進的本益比超過 15 倍，就算買入 A 級股也可能會虧錢。

4. 不要對買進的價位斤斤計較，只要是被低估，60 或 62 元都很划算。

5. 投資組合要的資金配置以等比率買入，例如持有 10 檔、每檔占資金比重 10%，持有 20 檔、每檔占 5%。

6. 持有時間以 2～3 年為基準，領到股息要持續投入用來產生複利效果。

7. 大盤相對低點時進場，至少持有 2～3 年，並且將每年股息再投入，就算買到降級股也不會虧太多。

◎賣股的兩大時機：「獲利了結」、「停損」

1. 獲利了結以接近高點來賣出，優先賣出相對本益比高的個股。

2. 停損以矩陣降級和保留盈餘成長率下滑的個股優先停損。

3. 投資組合有可能出現出乎意料的倒楣事，可看開點不用太計較，這是機率問題。A 級公司遇到倒楣事，總比 C 級股遇到倒楣事來得好。

◎成功投資的關鍵

1. 選股不是賭漲跌,而是尋找好公司。

2. 買點的時間不必預測,而是被動等待買賣點。不以預測股價為目標,
   而是對價位做出正確反應。

3. 成功的投資不必預測未來,而是評估所有成功因素,然後重複成功的
   行為。

4. 投資優勢有三:資訊優勢、交易優勢和結構性優勢。矩陣式存股法具
   備結構性優勢,具有可複製的原則。

Chapter 4 個股分析教戰 經驗值大躍升

◎矩陣式存股的工作流程

第 1 階段:打造投資工作籃

第 2 階段:挑出 10 檔個股分別製作「矩陣存股檢查表」

第 3 階段:蒐集公司資料,彙整成個人報告

第 4 階段:根據矩陣存股檢查表進行分析流程

第 5 階段:將分析資料歸檔,建立決策資料庫

第 6 階段:持續精進分析能力,累積「知識複利」

當價值投資經典概念遇上台股

　　這本書的觀念不會太艱難，但是寫作過程的辛苦，更勝我過去寫的任何一本書。你看到的每一個表格統計資料，都花了我超多的時間逐步統計，真的是非常耗時的一件事情，所以本書的完稿進度才會不斷的落後。

　　由於我投入了許多心血和成本，所以在這最後的後記部分，請讓我不厭其煩的做重點提醒。首先是投資哲學的部分，矩陣式存股法的運用秉持著3個重要的概念：

　　1.葛拉漢在《智慧型股票投資人》提出的防禦型投資概念。
　　2.費雪《非常潛力股》重視的內在價值成長股概念，此和巴菲特的護城河概念相同。
　　3.派特·多爾西（Pat Dorsey）在《The Five Rules for Successful Stock Investing》提到的獲利能力矩陣評等概念。

　　這3個概念都是為了解決「時間不夠、資金不足、知識不夠」這3個問題。防禦型投資概念花在投資上的時間很少，內在價值成長股是最有效率

的投資法，因為有護城河的公司會照顧好自己，使投資人利潤提高。獲利能力矩陣能輕易看出好公司，即使知識不足也能輕鬆看出公司好壞。

為了能進一步提升你的投資效率，我建議矩陣存股者最好養成 3 個良好的習慣：

1.看到一檔股票，立刻查詢矩陣等級，符合條件就納入投資工作籃。
2.大盤低點時，檢查工作籃的個股，優先挑出歷史本益比低點的公司。
3.買入前使用存股檢查表，並觀察最新高登公式和董監事質押比數字。

如你需要書中 2-5 矩陣檔案範例，請到「goo.gl/etTMYV」下載，如連結失效，請寫信至「service.redhouse@gmail.com」告知。

不管是波段操作或存股，都必須重視公司基本面

接著要再度補充一些個人投資觀點上的解釋，首先，是我對波段操作和存股的定義差別，這個定義很簡單：

所謂的「波段」，就是操作期間不到 1 年，並且沒有領到現金股利，就稱之為波段操作。但我支持的波段操作是 1 年操作 1、2 次，降低買賣次數，並且買 A 級股勝過買 C 級股；我不支持短進短出和高成本、高風險的波段交易策略。

　　而「存股」指的是持有期間超過 1 年，並且領取現金股利，就稱之為存股。你可能持有超過 1 年、2 年或者 3 年，然後在大盤相對高點賣出，這些都叫做存股。

　　存股賣出之後，一定要在相對低的成本區重新組合回來，重組的標的可以重複，只要成本比賣出價低即可，而完全空手的時間不可超過 6～8 個月，不然你會失去投資的敏銳度。

　　早期來講，其實我是反對存股這個字眼，因為它降低了對投資風險的認知，以及做投資研究該具備的深入思考。同時，我也反對「只買不賣」這種存股策略，這種策略完全忽視基本面的變化；如果你存的是本書 2-2 提到的落後組，只買不賣會讓你長期虧錢。

　　現在我比較不那麼反對了，因為存股這個名詞仍有貢獻，它能引導一般投資人進入「長期持有」這個比較良好的策略選項，比短進短出好更多；只要你使用矩陣式存股法，就能規避掉大多的風險。

在愈低價位買到好股，應持有更長時間參與上漲市場

　　矩陣存股法的持有時間由 2 個變數所決定，第 1 個是你取得的成本，第 2 個是你持股的品質。我們假設你取得的成本是大盤 7,000 多點的股票，那麼你要持有 2～3 年，這能讓你的獲利提高。如果你取得的成本更低，

是在 6,000～7,000 點左右，那你要持有 4～5 年以上，才能充分參與上漲的市場。重點在於，買進的成本愈低，持有的時間要愈長，才能充分反映投資成效。如果太快賣出，反而會讓你賺太少，那你的辛苦就白費了。

持股品質方面，指的就是矩陣股降級的機率。由於獲利矩陣主要的變數是股東權益報酬率（ROE）和自由現金流，其中 ROE 又更重要。可是任何公司都不可能永遠獲利，如果一間公司獲利良好，就會有其他公司進入這個市場；如果這些公司的產品都沒有差異化，那麼在競爭激烈的狀況下就會削價競爭，這種削價競爭會導致公司獲利下滑，最後 ROE 會開始轉差。

有個學術一點的用語叫「ROE 回歸平均值」就是在說這種狀況，如果想更了解「ROE 回歸平均值」的相關論點，可以參考《麥克風的股市求生手冊》和《超值投資：價值投資贏家的選股策略》。

掌握機會成本概念，持股若沒有降級就應續抱

我們在本書 2-6 討論了 A 級股降級的統計結果，在 3-6 和 3-7 則證實了只要持有成本低加上 2～3 年的持有時間，就算遇到降級股，損失程度也有限，所以我們的基本要求是必須持有 2～3 年。

反過來講，如果矩陣股沒有降級，你可以持有更長的時間。例如在 2-2 和 2-3 討論到的 20 檔領先組 A 級股，都是買入後 5 年維持 A 級的公司，

市場在後續給予這些 A 級公司的本益比都愈來愈高（詳見 3-5），當然投資人享受到的報酬率也愈來愈高，所以如果沒降級，最好能持有 5 年。

矩陣存股的持有時間和公司等級之間的取捨就是機會成本，如果等級持續穩定在 A 級，你換股操作卻買到降級股，那麼你的操作就錯誤了。反過來說，如果你賣出未來可能會降級的股票，轉入未來可能維持 5 年 A 級的好公司，那麼你的操作就會正確。

這兩者就是機會成本的取捨，同時也是投資人最大的難題之一，因為大多數的投資人都「害怕看錯」，看錯未來會讓你做投資決策時感到不安和孤獨，如果看錯同時又操作錯誤，無疑在心態和財務上都是一種打擊。

找出5年A級投資組合，降低買賣成本並將收益最大化

為了避免判斷錯誤，你必須不斷重複研究個股和投資法則背後的思維。研究不是機械性的重複未經思考的行為，也不是用僵化的 SOP 照表操課，而是要有自我察覺的能力和毅力，這兩者相輔相成。西洋棋王卡斯帕洛夫（Garry Kasparov）是我在這方面的典範，他說：「努力和成就之間有一種很玄妙，但非直接的關聯。持之以恆絕對值得，即使不見得總是有立竿見影的回報。」

他的著作《走對下一步》是投資人強化決策力最需要看的書，本書已經

絕版，我曾經 mail 遠流出版社，證實已經沒有此書，投資人可以到二手書
店或者拍賣網購買，或者到圖書館借閱此書，強力推薦必讀。

　　矩陣式存股法的最終目的，就是希望你的投資組合都是未來 5 年甚至
10 年都能維持 A 級的公司，這樣一來你的投資收益就會最大化，因為你
的投入時間成本低，買賣次數少能降低手續費支出，同時維持良好的決策
品質。整個投資組合領到的現金股利，可以用來加碼其他的 A 級股，使投
資組合產生長期複利效果。

主動選股若無法打敗大盤，指數型投資將會更適合你

　　在最後，我們思考一個問題：「是否每個人使用矩陣式存股法，就能讓
自己的投資績效贏過大盤呢？」

　　回答這個問題之前要先知道：矩陣式存股法本身是一種「主動選股」的
投資法則。主動選股的基本績效，就是要打敗加計股息的大盤報酬指數，
因為這是一個機會成本的考量；如果你花了時間和力氣做投資，卻贏不了
大盤報酬指數，那麼你應該要當個指數型投資人，把你的存款投入指數型
基金，顧好你的本業，這才是最理性的做法。

　　矩陣式存股法和指數型基金不同的地方在於，每個人都適合指數型基
金，但是有些人恐怕不適合矩陣式存股法，其中又只有少之又少的人能成

為優秀的價值投資者。

為什麼呢？因為主動投資是一種技能，如同所有的技能一樣，它需要一點天賦。所有的技能都能夠學習來傳承給下一代，如同我們每個人在求學過程中可以學音樂、繪畫、數理，運動……等技能，但不是每個人都可以表現得很好，如同不是每個人都能成為藝術家、數理天才，或者奧運國手一樣。

決定投資者的天賦會反映在個性表現上。如果你是樂於交際，擅長行動，喜歡先做再說，秉持的人生哲學是：「你不做看看怎麼知道？」或者是「先做再說，你在想的時候我已經做一堆事情了。」這種類型的人可能不適合價值投資。

讓你的天賦用對地方，並放大「輸出功率」

這和智商無關，和個性有關，這種類型人也請不要執著於主動投資，因為你真的不適合。你應該要找個你適合的領域來發揮才華，那才是你發光發熱的地方，然後將你在該領域的收益投入指數型基金，這才是你的最佳策略。不過，如果你有辦法善用矩陣式投資法，投資表現也差不到哪邊就是了。

如果你樂於閱讀，擅長分析，樂在學習，喜歡獨處，深思熟慮，喜歡三思而後行，秉持的人生哲學是：「人無遠慮必有近憂」的類型，那麼你就

適合當個矩陣式存股者。就我的觀察,這類型的人占統計上的一半,職業方面以醫生與老師居多。這類人如果你把資金投入指數型基金,那你就是浪費才華,因為你在這個領域可以表現更好。

要是你選擇的領域剛好不適合你的天賦(例如當業務員),那你恐怕會一輩子碰壁、表現糟糕,還會覺得自己是個失敗組,但這感覺是不對的,你只是選擇錯誤罷了。把選擇切換到正確的選項上,你就能如魚得水。

矩陣式存股者如果想在投資績效上名列前茅,那麼你就要強化你天賦的「輸出功率」。有才華卻浪費的天才比比皆是,這類人就像擁有 400 匹馬力的引擎卻只發揮 100 匹馬力一樣,輸出功率嚴重不足,同時也意味著本身的潛力大過自身目前的實力。

透過閱讀增加研究功力,追求更優秀績效

理想狀況是投資人就算只有 200 匹馬力,但是都能發揮出來,輸出功率達 100%,那就會有卓越的投資成果。輸出功率同時代表著學習和技能發揮的成果,善用現有資源是最有效率的不二法門,你可以參考和善用我的所有著作:

第 1 本書《雷浩斯教你小薪水存好股又賺波段》,主要談價值投資的基本概念和簡單的個股分析評估方法。

第 2 本書《雷浩斯教你 6 步驟存好股：這樣做，就能獲利翻倍》，將個股分析流程做得更加仔細，同時強化質化分析的細節和建構專業投資人的工作流程，這兩本書都是建構在「個股深度分析」的觀點。

本書《雷浩斯教你矩陣式存股法年賺 18%》則重視在「投資組合管理」的廣度上，以分散投資組合和說明買進賣出的重點為主。

這 3 本書可以成為一套整體搭配，構成完整的投資技巧。當你想要知道個股分析的方法時請看前兩本，當你想了解投資組合管理則請看本書。如果你想要在投資路上更加精進，以下是我編號 1 ～ 10 的精華推薦書：

1.《智慧型股票投資人（全新增訂版）》

2.《非常潛力股（經典新譯版）》

3.《巴菲特的勝券在握之道：在負利率時代，存錢不如存股的 4 大滾雪球投資法》

4.《護城河投資優勢：巴菲特獲利的唯一法則》

5.《超越大盤的獲利公式：葛林布萊特的神奇法則》

6.《投資最重要的事：一本股神巴菲特讀了兩遍的書》

7.《窮查理的普通常識：巴菲特 50 年智慧合夥人查理‧蒙格的人生哲學》

8.《華爾街之狼從良記：一個價值投資者的旅程》

9.《下重注的本事：當道投資人的高勝算法則》

10.《超值投資：價值投資贏家的選股策略》

這 10 本如果按照順序閱讀，讀完你會有一種完整經歷價值投資旅程的概念。如果想從閱讀難易度入手，建議先看編號 4、5，再看 8、9、3、10，最後看 1、2、6、7，學習起來比較有效率。

除了天賦你還需要好運，愈努力運氣愈好

績效良好的投資人除了天賦優勢、輸出功率之外，還要累積足夠的投資經驗、知識和成果。最後，還要多增加一點好運。實際上，你愈努力，運氣會愈好，透過經驗和技巧，能讓你看出他人看不到的機會，只要逮到機會，就算沒有超絕的技巧，只要有所準備，就能有傲人的報酬率。

如同葛拉漢在《智慧型投資人》裡面說的：「運氣或者關鍵決策的背後，必然存在有所準備和專業能力，人們必須要充分準備，同時等待運氣和判斷力，才能掌握機會。」、「所有智慧型投資人都可能遇到絕佳的機運，明智且積極的投資人在投資領域中可以同時找到快樂和利潤，至於興奮，那肯定是免不了的。」

關於本書提出的所有回測投資績效，由於計算投資組合報酬率的時間大多在我撰寫本書的 2016 年 10 月底，而此時台股處於高檔區，所以看到的策略成果非常耀眼。請留意，任何策略的結算時間，若在台股大盤高檔區，都會是高報酬率。還有，本書提到的個股，不代表任何投資建議，如果你現在因為看了本書，而過度樂觀、不管個股本身表現及價位，就盲目

投入這幾檔股票，很可能達不到你心中想要的報酬率，當其中某幾檔未來轉差，很可能會讓你有虧損風險。

　請讓我不厭其煩的提醒：投資有風險，「風險」的定義，就是你不知道未來會發生什麼不利你的事情，又或者你承受不了的事情。已知的可能危機不是風險，未知的才是風險。

　請試著想一個情境，如果台股有一天跌到你沒見過的低點，同時你手上的持股都套牢而且沒錢加碼，自己又必須要花錢的時候，你該怎麼辦？

　所以分散持股，降低成本，準備好備用的現金，心中常有風險意識，保持謙遜，提醒自己有很多不知道的事情，會是比較好的投資心理建設。

　本書的寫作過程充滿了快樂和痛苦，快樂的原因在於，能夠將國外各種價值投資概念，結合到台股的運用和研究，對我而言是一種知識上的追求。痛苦的地方則是耗費相當大的精力，不斷重複檢視各種數字，同時必須考量到如何讓讀者能應用於台股。

　如你覺得本書能讓你有所收穫和心得，歡迎你寫信分享給我 （service. redhouse@gmail.com），或到雷浩斯價值投資網（redhouse. statementdog. com）、Facebook 粉絲專頁：「雷浩斯價值投資網」（www.facebook. com/redhousei/），給我本書的回饋，我會非常感謝你。

再次感謝你閱讀這本書，希望它能成為你投資旅途上的一本必備讀物。

價值投資者

雷浩斯

2017 年 2 月底

64檔雷浩斯觀察名單矩陣等級簡表

1.電子產業

公司名稱	評估指標	2011	2012	2013	2014	2015	2016. Q3近4季
台積電（2330）	ROE（%）	22.21	24.52	23.94	27.85	27.02	25.21
	每股自由現金流（元）	2.51	0.60	2.56	5.36	12.06	5.44
	獲利矩陣等級	A	A	A	A	A	A
大立光（3008）	ROE（%）	28.72	26.07	35.95	50.72	44.09	33.68
	每股自由現金流（元）	33.91	30.86	45.78	105.98	164.32	152.18
	獲利矩陣等級	A	A	A	A	A	A
可成（2474）	ROE（%）	24.00	18.42	20.43	21.07	23.75	17.49
	每股自由現金流（元）	8.79	8.44	12.50	14.41	18.32	-3.24
	獲利矩陣等級	A	A	A	A	A	B1
聚鼎（6224）	ROE（%）	23.36	22.96	20.78	21.08	23.23	20.72
	每股自由現金流（元）	2.48	2.34	6.98	4.97	6.42	3.48
	獲利矩陣等級	A	A	A	A	A	A
川湖（2059）	ROE（%）	23.79	24.61	26.56	28.05	25.51	17.28
	每股自由現金流（元）	8.17	8.85	18.12	18.98	22.61	15.52
	獲利矩陣等級	A	A	A	A	A	A

公司名稱	評估指標	2011	2012	2013	2014	2015	2016.Q3近4季
勤誠 （8210）	ROE（%）	23.22	22.46	15.16	22.06	19.03	22.02
	每股自由現金流（元）	4.88	5.64	-2.11	3.84	2.43	1.20
	獲利矩陣等級	**A**	**A**	**B1**	**A**	**A**	**A**
台達電 （2308）	ROE（%）	13.30	16.65	18.46	19.97	16.22	17.36
	每股自由現金流（元）	-1.59	3.95	6.71	7.56	2.88	6.98
	獲利矩陣等級	**C**	**A**	**A**	**A**	**A**	**A**
華碩 （2357）	ROE（%）	15.14	18.48	16.27	13.03	10.32	11.03
	每股自由現金流（元）	15.60	25.68	43.34	34.52	-13.38	24.80
	獲利矩陣等級	**A**	**A**	**A**	**B2**	**C**	**B2**
廣隆 （1537）	ROE（%）	15.32	27.07	22.07	23.10	24.57	26.75
	每股自由現金流（元）	4.44	2.23	8.02	4.94	13.07	10.07
	獲利矩陣等級	**A**	**A**	**A**	**A**	**A**	**A**
耕興 （6146）	ROE（%）	23.76	20.89	22.66	29.73	27.59	22.93
	每股自由現金流（元）	3.95	0.26	6.31	5.98	5.61	6.83
	獲利矩陣等級	**A**	**A**	**A**	**A**	**A**	**A**
鼎翰 （3611）	ROE（%）	32.27	28.16	35.76	34.00	32.91	28.42
	每股自由現金流（元）	7.70	12.25	8.62	8.79	2.73	-38.92
	獲利矩陣等級	**A**	**A**	**A**	**A**	**A**	**B1**
居易 （6216）	ROE（%）	11.62	10.73	13.41	15.25	17.48	17.15
	每股自由現金流（元）	3.35	2.26	2.58	0.88	3.15	3.84
	獲利矩陣等級	**B2**	**B2**	**B2**	**A**	**A**	**A**

公司名稱	評估指標	2011	2012	2013	2014	2015	2016.Q3近4季
中磊 （5388）	ROE（%）	19.87	21.27	19.78	17.60	19.96	20.93
	每股自由現金流（元）	0.50	7.87	2.71	1.74	3.17	8.56
	獲利矩陣等級	A	A	A	A	A	A
神準 （3558）	ROE（%）	21.71	32.10	29.23	30.08	34.04	25.56
	每股自由現金流（元）	3.71	11.04	13.26	13.06	14.35	14.01
	獲利矩陣等級	A	A	A	A	A	A
力旺 （3529）	ROE（%）	11.76	10.42	18.21	24.28	26.60	30.50
	每股自由現金流（元）	0.37	1.80	5.05	5.38	6.49	7.77
	獲利矩陣等級	B2	B2	A	A	A	A
聯詠 （3034）	ROE（%）	16.67	19.55	19.85	27.28	22.55	19.59
	每股自由現金流（元）	5.87	8.19	7.43	8.88	13.23	12.88
	獲利矩陣等級	A	A	A	A	A	A
創見 （2451）	ROE（%）	15.91	15.39	16.36	18.43	15.63	13.65
	每股自由現金流（元）	11.55	5.54	9.46	5.63	6.98	13.07
	獲利矩陣等級	A	A	A	A	A	B2
旭隼 （6409）	ROE（%）	33.34	41.90	35.85	36.98	37.91	36.50
	每股自由現金流（元）	3.75	14.79	8.22	7.66	17.16	12.06
	獲利矩陣等級	A	A	A	A	A	A
群光 （2385）	ROE（%）	26.04	22.23	19.20	18.58	17.22	15.97
	每股自由現金流（元）	0.14	7.43	6.03	2.63	2.82	10.40
	獲利矩陣等級	A	A	A	A	A	A

2.工業電腦產業

公司名稱	評估指標	2011	2012	2013	2014	2015	2016.Q3近4季
研華 （2395）	ROE（%）	24.36	20.89	22.22	23.51	22.30	24.26
	每股自由現金流（元）	1.60	6.73	3.98	5.02	6.74	5.39
	獲利矩陣等級	A	A	A	A	A	A
飛捷 （6206）	ROE（%）	22.52	22.83	26.27	24.30	23.14	19.45
	每股自由現金流（元）	1.13	7.11	1.28	10.98	7.11	4.89
	獲利矩陣等級	A	A	A	A	A	A
振樺電 （8114）	ROE（%）	27.92	29.37	35.65	36.55	35.09	33.24
	每股自由現金流（元）	4.48	4.44	0.92	-2.95	6.49	-38.59
	獲利矩陣等級	A	A	A	B1	A	B1
樺漢 （6414）	ROE（%）	15.42	22.49	35.92	24.41	26.73	23.91
	每股自由現金流（元）	2.70	1.07	2.22	2.29	10.24	-23.13
	獲利矩陣等級	A	A	A	A	A	B1
艾訊 （3088）	ROE（%）	11.80	15.02	21.25	25.71	26.39	24.32
	每股自由現金流（元）	0.69	2.78	1.31	1.37	6.30	6.92
	獲利矩陣等級	B2	A	A	A	A	A
威強電 （3022）	ROE（%）	24.94	16.62	16.93	20.78	15.86	15.74
	每股自由現金流（元）	5.01	2.59	-14.28	-2.35	11.51	9.37
	獲利矩陣等級	A	A	B1	B1	A	A
融程電 （3416）	ROE（%）	15.46	13.72	18.20	15.53	12.79	12.74
	每股自由現金流（元）	3.69	1.47	5.08	0.41	3.66	4.69
	獲利矩陣等級	A	B2	A	A	B2	B2

公司名稱	評估指標	2011	2012	2013	2014	2015	2016.Q3近4季
凌華 （6166）	ROE（%）	17.41	7.90	14.67	17.31	16.18	7.15
	每股自由現金流（元）	0.99	1.57	4.29	0.24	-0.49	0.57
	獲利矩陣等級	A	C1	B2	A	B1	C1

3.汽車產業

公司名稱	評估指標	2011	2012	2013	2014	2015	2016.Q3近4季
和泰車 （2207）	ROE（%）	25.59	25.79	23.70	25.94	25.06	25.23
	每股自由現金流（元）	-6.13	-18.78	1.35	-13.75	5.28	11.58
	獲利矩陣等級	B1	B1	A	B1	A	A
裕日車 （2227）	ROE（%）	20.86	24.59	31.98	25.11	17.04	20.31
	每股自由現金流（元）	21.67	21.52	12.02	32.49	21.47	15.23
	獲利矩陣等級	A	A	A	A	A	A
胡連 （6279）	ROE（%）	17.77	17.79	20.61	21.30	20.53	19.64
	每股自由現金流（元）	-1.97	6.61	-3.64	4.23	3.21	7.80
	獲利矩陣等級	B1	A	B1	A	A	A
朋程 （8255）	ROE（%）	20.06	14.57	23.45	20.65	20.49	17.79
	每股自由現金流（元）	2.37	1.49	8.43	5.65	10.30	11.64
	獲利矩陣等級	A	B2	A	A	A	A
皇田 （9951）	ROE（%）	29.17	29.19	38.13	34.35	33.91	35.22
	每股自由現金流（元）	1.00	4.57	0.81	2.58	5.98	7.14
	獲利矩陣等級	A	A	A	A	A	A

公司名稱	評估指標	2011	2012	2013	2014	2015	2016.Q3近4季
為升 （2231）	ROE（%）	11.92	21.74	27.61	43.72	49.55	42.7
	每股自由現金流（元）	-1.02	4.66	4.98	6.57	9.82	6.67
	獲利矩陣等級	**C**	**A**	**A**	**A**	**A**	**A**
茂順 （9942）	ROE（%）	19.61	16.52	21.44	20.48	15.77	16.81
	每股自由現金流（元）	0.64	4.98	3.68	3.09	3.70	6.61
	獲利矩陣等級	**A**	**A**	**A**	**A**	**A**	**A**
*豐祥-KY （5288）	ROE（%）	N/A	29.07	22.82	18.85	20.76	19.85
	每股自由現金流（元）	N/A	9.25	5.64	-4.36	7.79	4.12
	獲利矩陣等級	**N/A**	**A**	**A**	**B1**	**A**	**A**
正新 （2105）	ROE（%）	17.63	27.81	26.21	19.19	14.38	16.27
	每股自由現金流（元）	-9.05	1.03	4.96	4.25	4.42	5.13
	獲利矩陣等級	**B1**	**A**	**A**	**A**	**B2**	**A**
建大 （2106）	ROE（%）	25.57	19.87	21.44	19.89	16.56	14.49
	每股自由現金流（元）	2.73	5.56	1.76	0.79	2.75	2.73
	獲利矩陣等級	**A**	**A**	**A**	**A**	**A**	**B2**

註：* 豐祥 -KY 成立於 2011 年 7 月，2012 年起方有年度財報資料

4.電信民生必需產業

公司名稱	評估指標	2011	2012	2013	2014	2015	2016.Q3近4季
中華電 （2412）	ROE（%）	12.97	11.32	11.15	10.66	11.74	11.79
	每股自由現金流（元）	5.45	6.07	3.37	5.67	5.91	4.41
	獲利矩陣等級	**B2**	**B2**	**B2**	**B2**	**B2**	**B2**

公司名稱	評估指標	2011	2012	2013	2014	2015	2016.Q3近4季
台灣大 （3045）	ROE（%）	26.99	30.73	27.23	24.88	24.54	26.13
	每股自由現金流（元）	2.87	4.61	-5.13	2.54	3.11	7.61
	獲利矩陣等級	A	A	B1	A	A	A
遠傳 （4904）	ROE（%）	12.20	14.55	16.13	15.65	15.78	16.24
	每股自由現金流（元）	4.33	6.60	-5.69	3.35	2.51	2.84
	獲利矩陣等級	B2	B2	B1	A	A	A
統一超 （2912）	ROE（%）	30.07	27.93	35.79	35.47	30.76	35.11
	每股自由現金流（元）	10.87	10.17	8.12	8.74	8.62	8.83
	獲利矩陣等級	A	A	A	A	A	A
新麥 （1580）	ROE（%）	36.74	32.66	35.66	32.29	26.56	31.46
	每股自由現金流（元）	5.74	8.17	9.68	10.64	7.68	13.09
	獲利矩陣等級	A	A	A	A	A	A
德麥 （1264）	ROE（%）	42.75	37.55	28.44	24.69	22.01	21.83
	每股自由現金流（元）	3.34	6.78	5.76	0.25	5.26	22.45
	獲利矩陣等級	A	A	A	A	A	A
佳格 （1227）	ROE（%）	30.37	23.65	17.90	18.22	21.50	18.76
	每股自由現金流（元）	4.62	1.41	0.45	2.14	2.04	2.28
	獲利矩陣等級	A	A	A	A	A	A
大統益 （1232）	ROE（%）	19.84	15.29	23.24	29.42	25.30	24.63
	每股自由現金流（元）	3.98	-0.10	11.46	0.08	8.04	-0.98
	獲利矩陣等級	A	B1	A	A	A	B1

公司名稱	評估指標	2011	2012	2013	2014	2015	2016.Q3近4季
南僑 （1702）	ROE（%）	10.19	11.63	21.05	20.42	21.36	22.46
	每股自由現金流（元）	-3.73	2.29	2.73	-1.41	3.74	-1.65
	獲利矩陣等級	C	B2	A	B1	A	B1
瓦城 （2729）	ROE（%）	45.40	17.29	14.32	14.36	15.39	16.97
	每股自由現金流（元）	4.57	5.68	3.09	-1.12	4.10	4.88
	獲利矩陣等級	A	A	B2	C	A	A
好樂迪 （9943）	ROE（%）	22.99	17.08	12.40	20.10	28.76	20.04
	每股自由現金流（元）	4.07	2.98	-0.97	6.43	4.82	6.64
	獲利矩陣等級	A	A	C	A	A	A
崑鼎 （6803）	ROE（%）	25.09	21.73	17.34	17.45	17.48	28.73
	每股自由現金流（元）	11.85	25.88	22.96	12.36	16.92	12.43
	獲利矩陣等級	A	A	A	A	A	A
伸興 （1558）	ROE（%）	30.65	25.64	22.74	21.39	20.55	18.41
	每股自由現金流（元）	6.20	7.53	10.64	5.61	17.15	12.38
	獲利矩陣等級	A	A	A	A	A	A
晶華 （2707）	ROE（%）	30.37	34.02	34.66	31.86	30.92	28.92
	每股自由現金流（元）	11.64	15.12	6.10	6.76	7.95	8.56
	獲利矩陣等級	A	A	A	A	A	A
中保 （9917）	ROE（%）	18.14	19.16	19.52	19.30	18.98	18.21
	每股自由現金流（元）	4.05	5.28	-2.73	6.57	2.83	1.93
	獲利矩陣等級	A	A	B1	A	A	A

5.醫療器材相關產業

公司名稱	評估指標	2011	2012	2013	2014	2015	2016.Q3近4季
寶島科（5312）	ROE（%）	19.89	22.79	19.80	17.15	16.98	16.84
	每股自由現金流（元）	2.04	1.45	5.90	3.41	-7.85	-8.17
	獲利矩陣等級	A	A	A	A	B1	B1
精華（1565）	ROE（%）	40.37	40.34	45.30	38.27	32.61	38.33
	每股自由現金流（元）	16.94	10.27	21.85	26.15	38.46	42.97
	獲利矩陣等級	A	A	A	A	A	A
邦特（4107）	ROE（%）	10.35	13.23	14.88	16.63	16.71	17.86
	每股自由現金流（元）	2.22	2.08	3.76	0.91	4.38	3.30
	獲利矩陣等級	B2	B2	B2	A	A	A
太醫（4126）	ROE（%）	22.62	26.88	19.49	18.55	18.18	19.14
	每股自由現金流（元）	4.29	5.60	4.28	1.27	-2.11	-4.71
	獲利矩陣等級	A	A	A	A	B1	B1

6.化工產業

公司名稱	評估指標	2011	2012	2013	2014	2015	2016.Q3近4季
中碳（1723）	ROE（%）	36.91	30.53	32.54	29.69	17.66	14.42
	每股自由現金流（元）	10.35	7.60	7.09	10.46	4.37	3.72
	獲利矩陣等級	A	A	A	A	A	B2
中聯資源（9930）	ROE（%）	17.15	16.67	21.37	23.48	20.08	16.66
	每股自由現金流（元）	2.95	2.19	2.27	4.33	1.42	1.32
	獲利矩陣等級	A	A	A	A	A	A

公司名稱	評估指標	2011	2012	2013	2014	2015	2016. Q3近4季
鑫永銓 （2114）	ROE（%）	24.61	26.92	23.26	24.30	19.19	15.71
	每股自由現金流（元）	7.47	6.43	5.04	6.91	6.19	5.46
	獲利矩陣等級	**A**	**A**	**A**	**A**	**A**	**A**

7.運動製鞋產業

公司名稱	評估指標	2011	2012	2013	2014	2015	2016. Q3近4季
美利達 （9914）	ROE（%）	27.26	29.08	30.36	29.29	23.48	15.91
	每股自由現金流（元）	2.34	10.03	5.09	6.94	6.66	4.93
	獲利矩陣等級	**A**	**A**	**A**	**A**	**A**	**A**
巨大 （9921）	ROE（%）	21.29	19.37	20.82	22.13	19.32	16.31
	每股自由現金流（元）	1.69	-1.68	10.55	6.32	8.59	7.84
	獲利矩陣等級	**A**	**B1**	**A**	**A**	**A**	**A**
聚陽 （1477）	ROE（%）	27.09	25.88	26.83	25.28	25.20	20.95
	每股自由現金流（元）	0.61	12.18	-14.26	4.42	13.73	12.89
	獲利矩陣等級	**A**	**A**	**B1**	**A**	**A**	**A**
儒鴻 （1476）	ROE（%）	29.15	32.51	37.30	34.15	39.28	29.02
	每股自由現金流（元）	2.23	3.07	3.35	5.72	14.87	15.88
	獲利矩陣等級	**A**	**A**	**A**	**A**	**A**	**A**
豐泰 （9910）	ROE（%）	15.48	18.94	23.77	29.06	34.16	36.44
	每股自由現金流（元）	1.93	5.09	5.85	4.71	6.33	5.72
	獲利矩陣等級	**A**	**A**	**A**	**A**	**A**	**A**

國家圖書館出版品預行編目資料

雷浩斯教你 矩陣式存股法年賺18% / 雷浩斯作. -- 一版.
-- 臺北市：Smart智富文化, 城邦文化, 民106.03
　面； 公分
ISBN 978-986-7283-84-9（平裝）

1.股票投資 2.投資技術 3.投資分析

563.53　　　　　　　　　　　　　　　106001819

Smart 智富

雷浩斯教你 矩陣式存股法年賺18%

作者	雷浩斯
企畫	黃嫈琪
商周集團	
榮譽發行人	金惟純
執行長	王文靜
Smart 智富	
社長	朱紀中
總編輯	林正峰
攝影	翁挺耀
資深主編	楊巧鈴
編輯	李曉怡、林易柔、邱慧真、胡定豪、施茵曼
	連宜玟、劉筱祺
資深主任設計	黃凌芬
封面設計	廖洲文
版面構成	林美玲、張麗珍、廖彥嘉
出版	Smart 智富
地址	104 台北市中山區民生東路二段 141 號 4 樓
網站	smart.businessweekly.com.tw
客戶服務專線	（02）2510-8888
客戶服務傳真	（02）2503-5868
發行	英屬蓋曼群島商家庭傳媒股份有限公司城邦分公司
製版印刷	科樂印刷事業股份有限公司
初版一刷	2017 年（民 106 年）3 月
ISBN	978-986-7283-84-9

定價 330 元

 **讀者服務卡**

2BB062
《雷浩斯教你 矩陣式存股法年賺18%》

為了提供您更優質的服務，《Smart 智富》會不定期提供您最新的出版訊息、優惠通知及活動消息。請您提起筆來，馬上填寫本回函！填寫完畢後，免貼郵票，請直接寄回本公司或傳真回覆。Smart 傳真專線：（02）2500-1956

1. 您若同意 Smart 智富透過電子郵件，提供最新的活動訊息與出版品介紹，請留下
   電子郵件信箱：_____

2. 您購買本書的地點為：□超商，例：7-11、全家
   　　　　　　　　　　　□連鎖書店，例：金石堂、誠品
   　　　　　　　　　　　□網路書店，例：博客來、金石堂網路書店
   　　　　　　　　　　　□量販店，例：家樂福、大潤發、愛買
   　　　　　　　　　　　□一般書店

3. 您最常閱讀 Smart 智富哪一種出版品？
   □ Smart 智富月刊（每月 1 日出刊）　　□ Smart 密技（每單數月 25 日出刊）
   □ Smart 理財輕鬆學　　□ Smart 叢書　　□ Smart DVD

4. 您有參加過 Smart 智富的實體活動課程嗎？　□有參加　　□沒興趣　　□考慮中
   或對課程活動有任何建議或需要改進事宜：_____
   _____

5. 您希望加強對何種投資理財工具做更深入的了解？
   □現股交易　　□當沖　　□期貨　　□權證　　□選擇權　　□房地產
   □海外基金　　□國內基金　　□其他：_____

6. 對本書內容、編排或其他產品、活動，有需要改善的事項，歡迎告訴我們，如希望 Smart
   提供其他新的服務，也請讓我們知道：_____
   _____

您的基本資料：（請詳細填寫下列基本資料，本刊對個人資料均予保密，謝謝）

姓名：_____　　　　　性別：□男　□女

出生年份：_____　　　聯絡電話：_____

通訊地址：_____

從事產業：□軍人　□公教　□農業　□傳產業　□科技業　□服務業　□自營商　□家管

書號：2BB062
書名：**雷浩斯教你　矩陣式存股法年賺18%**